그림으로 읽는 🔍 잠 못들 정[

KB144647

헌터 생물의
사냥법

이마이즈미 타다아키 **지음** | **박유미** 옮김

BM (주)도서출판 **성안당**

여러분은 텔레비전 동물 프로그램에서 사자나 치타가 먹이를 잡아먹는 장면을 본 적이 있을 겁니다. 어떠셨나요? 저는 사냥하는 육식 동물의 모습이 역동적이고 멋있어 보였지만, 반면에 먹잇감이 된 동물은 불쌍해 보였습니다. 또 먹이를 게걸스럽게 뜯어 먹는 육식 동물은 잔인해 보이기도 했습니다.

하지만 모든 동물들은 에너지가 필요하므로 먹어야만 살아갈 수 있죠. 그러니 모든 동물은 먹고 먹히는 관계로 복잡하게 얽힐 수밖에 없습니다. 예를 들어 풀 종류의 식물을 먹고 사는 토끼는 족제비에게 먹히고 그 족제비는 여우에게 먹힙니다. 그리고 여우는 호랑이와 같이 무서운 육식 동물에게 먹히지요. 이런 관계를 '먹이 사슬'이라고 합니다. 모든 동물은 이렇게 서로 복잡하게 얽히면서 생태계를 이루고 있습니다.

여기서 잡아먹는 쪽은 냉혹한 먹이 사슬의 세계에서 살아남기 위해 다양한 사냥기술을 발달시켰습니다. 속도나 힘을 발달시킨 사냥꾼, 독이나 무기 또는 도구를 장착해서 신체적 기능을 높인 사냥꾼, 팀워크로 서로 도우면서 사냥을 하는 사냥꾼 모두 자신들의 모든 능력을 진화시켰습니다.

　이 책에서는 동물들의 놀라운 사냥 기법을 그들이 서식하는 곳을 육지, 하늘, 바다, 강으로 분류해서 소개하고 헌터들이 먹이를 어떻게 포착하는지 그림으로 알기 쉽게 설명했습니다. 강력하고 영리하지만 때로는 평범하고 비겁하기도 한 헌터 생물들의 독특하면서도 매력적인 세계를 만나 보시기 바랍니다.

이마이즈미 타다아키(今泉 忠明)

5

제2장

하늘의 동물 47

제 1 장

육지 동물

사바나에 살고 있는 육식 동물과 열대 우림 또는 숲에
사는 곤충들까지 스피드와 힘을 가진 동물들이 서로
협동하여 사냥하는 모습들을 살펴보자.

01 사냥은 암컷!
감시는 수컷!

사자는 고양잇과 동물로는 드물게 '프라이드'라는 무리를 이루고 산다. 프라이드는 수컷 1~3마리, 암컷 1~5마리와 그 새끼들로 구성되며 먹이 사냥도 무리를 지어 한다. 먹잇감은 아프리카물소, 누, 얼룩말, 기린 등 대형 초식 동물이며 팀끼리 뭉쳐서 먹이 사냥을 하는데 종종 자신보다 몸집이 큰 먹이를 쓰러뜨리기도 한다.

발이 빠른 사자는 순간 최고 시속 80km로 달릴 수 있을 정도로 뛰어난 순발력을 자랑한다. 즉, 말하자면 단거리 선수인 셈이다. 반면에 지구력이 부족하기 때문에 먹이의 숨통을 단숨에 끊지 못하면 노렸던 먹이를 포기한다. 사냥은 주로 암컷이 리드하고, 수컷은 영역을 지키는 역할을 한다. 왜냐하면 암컷의 행동이 더 빠르기 때문이다.

먼저 먹이를 발견하면 암컷 1마리가 목표물을 향해 곧바로 달려간다. 먹잇감이 쏜살같이 도망치면 도망간 곳에 다른 암사자가 기다리고 있고, 또 다른 방향으로 도망가도 다른 암사자가 나타난다. 이런 방법으로 먹이를 에워싸다가 그 날카로운 송곳니로 목덜미를 물어뜯어 먹이의 숨통을 끊어 버린다.

여기까지는 대부분 암컷이 리드하는 사냥이며 수컷이 할 만한 역할은 없다. 그렇다고 수컷이 먹이를 받아먹기만 하고 빈둥거리는 것은 아니다. 수컷은 먼저 식사를 하고 독수리나 하이에나 등 다른 동물들에게 먹이를 빼앗기지 않도록 암컷과 새끼들을 지킨다. 또한 일반적으로 사자는 저녁이나 이른 아침에만 사냥하는데, 그 시간은 하루에 2시간 정도다. 나머지 시간의 대부분은 지루하게 보내면서 사냥을 위한 에너지를 충전한다.

사냥은 암컷의 역할, 무리 지어 사냥한다

암컷 한 마리가 먹이를 잡고 다른 동료가 목을
물어 숨통을 끊는다. 뒤에 있는 어린 사자들은
사냥하는 모습을 보면서 배운다.

누 무리를 덮치는 방법

누 무리가 있는 쪽으로 사자
한 마리가 갑자기 달리기 시
작한다. 무리 중에서 제일 먼
저 잡히거나, 다른 사자가 숨
어서 기다리던 곳으로 몰리
면 먹이가 된다.

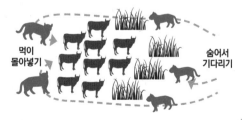

먹이
몰아붙기

숨어서
기다리기

02 사바나 최고의 단거리 선수

치타
Acinonyx jubatus

당연한 말이겠지만 치타는 세계에서 가장 빠른 육상 동물이다. 달리는 속도가 시속 100㎞가 넘는데, 시속 77km를 자랑하는 뛰어난 경주마 서러브레드와 비교해 보아도 빠른 엄청난 속도다. 치타는 인간을 거의 습격하지 않으며 예전에는 인도 등지에서 동물 사냥을 위해 사육되었다고 한다.

또한 치타는 대부분 혼자서 사냥한다. 나무 위나 풀숲에 몸을 숨기고 먹이를 찾다가 사냥감을 발견하면 곧바로 튕겨 나가듯이 질주해서 불과 3초 만에 시속 70km의 속도를 낸다. 사냥감은 계속 방향을 바꾸며 도망가지만 치타는 긴 꼬리로 균형을 잡으면서 그 뒤를 따라간다. 그리고 사냥감을 잡으면 먼저 목을 5~10분간 물어뜯어 질식시킨다. 또한 숨통이 끊어진 먹이는 바로 먹지 않고 호흡을 가다듬은 뒤 먹기 시작한다.

치타가 엄청난 속도로 달릴 수 있는 비밀은 유연한 팔다리와 몸통이다. 다리와 허리에는 근육이 단단히 붙어있어서, 마치 등을 스프링처럼 둥글게 웅크렸다가 펴면서 폭발적인 속도로 튕겨 나가는 방법으로 질주한다. 또한 머리가 작고 몸이 유선형인데, 이런 몸은 공기 저항을 최소화할 수 있어 더 빨리 달리게 한다. 게다가 일반적인 고양잇과 동물과 다르게 치타의 발톱은 항상 드러나 있어 이 발톱이 땅바닥을 잡아주는 못과 같은 역할을 하기 때문에 더 빠른 속도를 낼 수 있다.

그래서 치타는 20초 만에 사냥이 끝난다. 달릴 수 있는 시간이 짧아 추격할 수 있는 거리가 170~500m 정도이며 거리와 시간이 길어지면 먹이를 쫓아가지 못해 사냥을 포기하기도 한다. 그래서 사냥 성공률은 50% 정도로 별로 높지 않다. 지상에서 가장 빠른 육상 동물의 최대 약점은 '지구력 부족'이다.

조용히 다가가 한 번에 덮친다
몸을 풀숲 그늘에 숨기고 접근하다가 한 번에
확 덮친다. 이때의 속도는 시속 100km를 넘어
서는데, 달리기 시작한 지 약 500m 이내에서
사냥의 성공 여부가 결정된다.

사바나 최고의 단거리 선수 **치타**

한 번에 7m를 이동하는 치타

치타가 빨리 달릴 수 있는 이유 중 하나는 달리는 보폭이 크다는 점이다. 치타
는 달릴 때 뒷다리로 땅을 차고 등뼈를 스프링처럼 굽혔다가 몸 전체를 펴는
데, 이때 앞다리를 붙이고 뒷다리를 앞다리와 교차시키면서 앞으로 나간다. 뒷
다리로 땅을 걷어차듯 달리며 한 번 뛸 때의 보폭이 7m나 될 정도로 다리의 힘
이 세다.

① ② ③

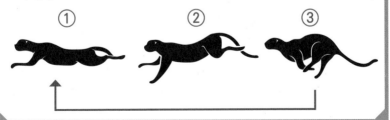

03 특기는 잠복! 지상 최대의 육식 동물

북극곰
Ursus maritimus

푹신푹신한 흰털로 덮인 북극곰은 커다란 몸을 흔들며 천천히 걷는 모습이 귀여워 단연 인기 스타로 꼽힌다. 하지만 귀여운 이미지와 달리 북극곰은 곰과 동물 중 드물게 육식을 좋아하는 지상 최대의 사냥꾼이다.

극한의 땅에서 사는 북극곰의 주요 먹이는 바다표범과 돌고래다. 가끔 바다코끼리 혹은 돌고래보다 큰 고래 등 대형 바다짐승을 잡아먹기도 하지만 바다코끼리나 고래는 북극곰보다 몸집이 크기 때문에 웬만해서는 사냥에 성공하기 어렵다. 특히 바다코끼리는 길고 날카로운 송곳니를 가지고 있어 북극곰이 오히려 공격을 당하기도 한다. 그래서 이들 대형 바다짐승을 노릴 때는 살아있는 것보다 죽어 있는 상태로 먹는 경우가 더 많다. 죽은 고래가 얼음판 위에 올라와 있으면 북극곰에게는 진수성찬을 받은 아주 운이 좋은 날이다.

북극곰이 먹이를 잡는 방법은 몇 가지가 있다. 그중 독특한 방법이 '잠복 대작전'이다. 바다표범은 얼음 밑을 헤엄치다가 숨을 쉬기 위해 가끔 얼음 구멍 위로 얼굴을 내미는데 그때 북극곰이 그 옆 얼음판 위에서 가만히 기다리다가 얼음 구멍 위로 얼굴을 내밀면 그 때 갈고리 모양의 날카로운 발톱으로 공격한 다음, 얼음판 위에 먹이를 내리쳐서 죽인다. 북극곰은 때론 사냥을 위해 며칠을 꾹 참고 기다릴 정도로 인내심이 강하다.

또한 북극곰은 육상 동물 중에서도 후각이 아주 뛰어난 편이라서 30km나 떨어진 장소에 있는 먹이의 냄새도 구분할 수 있다. 게다가 수영 실력이 뛰어나 바닷속으로 잠수해서 먹이를 쫓아가는 등 얼음 위나 바닷속에서도 자유자재로 사냥한다. 이런 능력은 혹독한 자연 속에서 살아야 하는 북극곰에게 신이 선물해 준 능력이 아닐까.

먹이가 얼굴을 내미는 순간 덮친다!

얼음 구멍 옆에 숨어서 기다리다가 바다표범이 호흡하기 위해 얼굴을 내미는 순간 앞발로 먹이를 끌어내 사냥한다.

지구 온난화가 사냥 시간을 빼앗고 있다

지구 온난화의 영향으로 북극권의 얼음이 녹는 시기가 앞당겨지면 북극곰이 사냥할 수 있는 기간도 짧아지니 먹이를 구하기 어려워진다. 얼음이 녹기 시작하는 시기가 1주일 앞당겨지면 곰의 몸무게가 10kg이나 줄어든다고 한다. 이렇게 되면 새끼가 엄마 북극곰에게서 충분한 모유를 얻지 못해 제대로 자라지 못하는 상황이 계속되므로, 21세기 중반이 되면 북극곰이 현재의 3분의 1까지 줄어들 수 있다고 한다.

04 뛰어난 팀플레이로 사냥에 성공하는

리카온
Lycaon pictus

리카온은 '아프리카들개'라고도 하는데, 몸집이나 생김새가 개보다 늘대에 가깝다. 또한 팩(pack)이라는 무리를 이루어 생활하며. 각각 여러 마리의 수컷과 암컷, 그 새끼들로 구성되고 평균 10마리 전후이지만 50마리 이상의 큰 무리도 있다. 수컷과 암컷은 서로 나뉘어진 역할이 없이 사냥도 육아도 모두 함께한다. 말하자면 맞벌이 가구인 셈이다.

리카온의 사냥법은 먼저 리카온 무리가 먹이를 둘러싸면서 안으로 몰아넣는다. 그런 다음 날카롭게 튀어나온 송곳니로 먹이의 꼬리와 입을 물어 움직이지 못하게 만든다. 같은 무리 사냥을 하는 사자의 사냥 성공률이 약 30%인데 비해, 리카온은 약 80%로 사자보다 높은 성공률을 자랑한다. 시속 약 50km로 달릴 정도로 발이 빠르며 한번 먹잇감으로 찍은 대상은 절대 놓치지 않으며 상대가 자신들보다 훨씬 큰 동물이라고 해도 기죽지 않고 덤벼든다. 리카온은 날카로운 송곳니에도 깊은 상처를 입지 않는 튼튼한 피부가 있어 무서울 게 없다고 한다. 또한 리카온은 먹이가 많은 곳을 찾아 떠돌아다닌다. 먹이가 많은 곳에 머물기도 하지만 베이스캠프를 거점으로 먹이를 찾아 하루에 50km 정도 이동하기도 한다. 리카온은 체온이 올라가도 물을 먹지 않고 체온을 낮추는 시스템이 몸에 갖추어져 있어 수분 보충을 하지 않아도 장거리 이동이 가능하다. 리카온은 철저하게 역할 분담을 하는데 새끼들은 육아를 담당하는 어른 리카온과 베이스캠프에 남는다. 멀리 떨어진 곳에서 사냥하면 부모들이 삼켰던 고기를 베이스캠프에 돌아와 토해내어 남아있던 동료들과 새끼들에게 먹인다. 무섭게 생겼지만 무리끼리는 사이가 아주 좋다.

사냥 성공률을 높이는 팀플레이

같은 무리끼리 협력하여 사냥하는 리카온은 먼저 한 마리가 먹이의 꼬리와 입을 물어 못 움직이게 하고 나머지 리카온이 덤벼들어 숨통을 끊어 버린다. 또한 신선한 고기를 즐기기 때문에 먹이가 살아 있는 상태에서 뜯어먹고 뼈째 씹어서 깨끗이 먹어 치운다.

05 교묘한 위장술로 적을 속이는

표범

Panthera pardus

표범은 주로 밤에 활동하는 야행성 동물로 혼자 사냥한다. 키 큰 풀숲에 몸을 숨기고 먹이에게 살며시 다가가 목을 물어 숨통을 끊는다. 표범의 몸에는 장미꽃 모양의 '로제트'라는 독특한 반점 무늬가 있는데, 이 무늬가 풀숲에서 잘 드러나지 않게 도와준다. 먹이는 표범이 가까이 다가갈 때까지 알지 못하다가 눈치를 채는 순간 숨통이 끊어진다. 활처럼 휘어진 긴 발톱과 날카로운 송곳니 때문에 죽는 것이다.

표범 무늬는 지금도 옷이나 가방 등의 무늬로 인기가 많다. 그래서 모피를 얻으려는 목적으로 사냥하는 경우가 많아 멸종 위기에 처해 있다. 자신이 사냥할 때 무기로 사용하는 무늬 때문에, 인간들에게 표적이 되다니 아이러니한 일이다. 참고로 갑자기 태도가 바뀌는 단어를 '표변(豹變)'이라고 하는데, 표범이 가을에 털갈이를 하면 표무늬가 윤기 있고 선명해져서 완전히 다른 표범처럼 보인다는 뜻에서 유래했다고 한다. 지금은 좋은 의미로 쓰이지 않지만 원래는 '좋지 않은 것을 빨리 고친다'는 뜻이다.

표범은 나무타기도 참 잘한다. 긴 꼬리로 균형을 잡으면서 꽤 높은 나무에도 오를 수 있다. 그래서 잡은 먹이를 나무 위에 올려 놓고 식사한다. 표범은 다리와 목 근육이 튼튼해서 자신보다 큰 먹이를 옮길 수 있다. 나무 위에서 식사하는 것은 사자나 하이에나 등의 다른 동물에게 빼앗기지 않기 위해서라지만 꼭 식사할 때가 아니어도 나무 위에서 시간을 보내는 일이 많다. 표범에게 나무 위는 편안히 쉴 수 있는 거실 겸 주방인 셈이다.

나무 위에 숨어있다가 덮친다

표범은 풀숲뿐만 아니라 나무 위에서 몸을 숨겼다 먹이를 덮쳐서 죽이기도 한다. 턱 힘이 강해서 먹이를 나무 위에 올려다 놓는데 이틀이든 삼일이든 다 먹어 치울 때까지 그 자리에 머무른다.

06 먹이를 쫓지 않고 뒤에서 덮치는

호랑이
Panthera tigris

호랑이는 고양잇과 동물 중에서 몸집이 가장 큰 동물로, 위턱과 아래턱에는 2개씩 긴 송곳니가 있다. 무는 힘은 약 300kg에 달하는 데 체중 700kg의 아시아물소(Bubalus arnee)를 이빨로 물고 끌어서 옮겼다는 기록도 있을 정도로 세다.

키 큰 풀숲이나 열대림에서 서식하는 호랑이는 몸 표면의 줄무늬가 있다. 이는 풀숲에 숨을 때 위장 역할을 해서 먹이가 잘 알아차리지 못하게 만들기 위해서이다. 또 점프력이 좋아 근육이 붙어 있는 튼튼한 뒷다리로 땅을 차고 10m나 점프해서 날카로운 발톱과 송곳니로 먹이의 숨통을 끊어 버린다.

호랑이는 수컷과 암컷 모두 사냥한다. 암컷은 새끼와 함께 생활하고 수컷은 번식기를 제외하고는 대부분 혼자서 살아간다. 호랑이는 대소변이나 발톱 자국으로 세력권을 넓혀서 행동하는데 수컷은 행동 범위가 넓어 하루에 10~20km를 이동하기도 한다. 반면 암컷은 몸이 작아서 행동 범위가 별로 넓지 않다.

호랑이가 눈을 부릅뜨고 먹이를 노려본다는 뜻의 '호시탐탐'이라는 말처럼 호랑이는 강하고 위엄 있는 이미지가 있다. 하지만 몸집이 커서 빨리 달리지 못하고 지구력도 없어서 먹이를 쫓는 것이 서툴러 사냥의 성공률이 5~10% 정도에 불과하다. 큰 먹이를 잡지 못하면 작은 새나 개구리 같은 작은 먹이로 견디기도 한다. 사람을 습격하기도 하는데 인도에서는 사람을 400명 넘게 잡아먹은 호랑이의 기록도 남아있다. 하지만 아시아부터 동남아시아에 서식하는 호랑이와 그 아종(亞種)은 모피, 박제, 한약재 등을 얻으려는 밀렵꾼 때문에 멸종 위기에 처해 있다. 이제 호랑이를 약자라고 해도 되지 않을까 싶다.

최대한 가까이 다가가 뒤에서 먹이를 덮친다!

호랑이는 사자처럼 먹이를 쫓지 않고 최대한 가까이 다가가 조용히 돌진해서 먹이를 덮친다. 먹이를 쓰러뜨린 다음에는 목이나 코를 물어 질식사를 시키거나 목 뒤쪽을 물어 신경을 끊어 버린다.

먹이를 쫓지 않고 뒤에서 덮치는 호랑이

07 뛰어난 체력으로 먹이를 쫓는

점박이하이에나

Crocuta crocuta

하이에나라고 하면 죽은 고기를 찾아다니거나 다른 동물의 먹이를 가로채는 야만적이고 교활한 이미지를 떠올리는데 이는 갈색하이에나(Hyaena brunnea) 혹은 줄무늬하이에나(Hyaena hyaena)의 경우다. 반면 점박이하이에나는 먹이의 60% 이상을 직접 사냥하는 뛰어난 사냥꾼이다. 점박이하이에나는 하이에나과 중에서 몸집이 가장 크며 시속 65km가 넘는 빠른 발을 가졌다는 점과 또 5km가 넘게 먹이를 쫓아가는 강인한 체력이 있다는 사냥꾼 기질이 있다. 점박이하이에나는 10~15마리의 '클랜(clan)'이라는 혈족이 굴에서 집단으로 공동생활을 한다. 또한 암컷은 몸집이 크고 공격력도 뛰어나 서열도 수컷보다 더 높다. 그래서 대부분 암컷이 리더를 맡는다. 암컷 중에서도 리더인 암컷의 새끼가 차기 리더를 물려받는 경우가 많아 여성 상위의 모계 가족이라고 할 수 있다.

사냥 대상은 가젤, 누, 얼룩말 등이며 클랜 단위로 무리 지어 따라다니다가 약하거나 상처 입은 한 마리를 찾아내어 덮친다. 때로는 먹이의 무리 속으로 침입해서 도망치려고 갈팡질팡하는 먹이 중 쉬운 목표물을 찾아내는 고급 기술을 사용하기도 한다. 먹이를 잡으면 클랜의 동료들 모두가 미친 듯이 먹기 시작하는데 큰 누 한 마리를 하룻밤 사이에 다 먹어 치울 정도로 식욕이 왕성하다. 점박이하이에나는 지름 8cm나 되는 기린의 뼈도 씹을 정도로 턱의 힘이 세다. 뼈째 으드득으드득 씹어서 먹으며 남은 뼈는 자신의 소굴 근처로 가져다 놓고 먹이를 잡지 못한 날에는 이 뼈로 굶주린 배를 채운다. 이들은 사자의 먹이를 가로채기도 하고, 반대로 사자에게 빼앗기기도 한다. 이렇게 점박이하이에나는 우리가 생각하는 이미지와는 조금 다른 면이 있다.

무리 중 1마리를 떼어내 덮친다

누를 비롯한 초식동물의 무리를 목
표물로 정하면 무리 중에서 새끼나
잡기 쉬운 대상을 고른다. 그리고 그
대상을 클랜이 무리에서 떨어지게
만든 뒤 덮친다. 먹이가 쓰러지면 약
20마리의 하이에나가 몰려들어 먹
어 치운다.

사자가 유일한 천적

점박이하이에나는 종종 사자의 먹이를 가
로채기도 하지만 사자에게 빼앗기는 경우
가 더 많다. 사자의 사냥 성공률이 점박이
하이에나보다 압도적으로 낮기 때문이다.
하이에나는 일대일로는 사자를 당해낼 수
없어서 집단으로 맞선다. 그리고 사자의
새끼를 발견하면 먹이로 삼을 생각이 없
는데도 죽이기도 한다.

08 강인한 육체를 가진 육상의 절대 왕자

큰곰

Ursus arctos

큰곰은 유럽에서 아시아에 걸친 유라시아 대륙과 북아메리카 대륙에 폭넓게 분포하고 있다. 곰과 중에서 몸집이 가장 큰 종류에 속하며 수컷은 몸길이 2.8m에 몸무게가 780kg이나 되는 것도 있다. 일본에는 홋카이도에만 서식하는 아무르큰곰(Ursus arctos lasiotus)이 있는데 일본의 땅 위에 사는 포유류 중 가장 크다.

큰곰의 사냥꾼 모습을 떠올리면 연어를 잡는 장면을 생각하는 사람이 많을 것이다. 큰곰은 헤엄도 잘 치고 물을 무서워하지도 않기 때문에 강물에 얼굴을 집어넣거나 연어가 거슬러 올라오는 폭포 상류에서 기다리다가 연어를 잡는다. 잡을 때는 길고 날카로운 발톱으로 연어를 낚아 올리거나 양손으로 움켜잡는다. 산란을 위해 가을에 강으로 돌아가는 연어가 큰곰에게는 겨울잠을 자기 전의 소중한 영양 공급원이 되는 셈이다. 큰곰은 영양분을 효율적으로 섭취하고자 지방이 많은 연어 껍질이나 알만 주로 먹는다.

큰곰은 연어뿐만 아니라 나무 열매나 들풀 등의 식물과 포유동물도 먹는 잡식이지만 비교적 육식을 선호해서 다른 동물의 먹이를 빼앗아 먹기도 한다. 큰곰의 코는 후각이 예민해서 땅속에 숨어있는 곤충이나 멀리 있는 먹이의 냄새를 구분할 수 있다. 또 길고 날카로운 발톱은 흙을 파헤치거나 먹이를 할퀴고 공격하는 데 사용한다. 발바닥은 인간처럼 평평해서 뒷다리 2개로 일어설 수도 있다. 선 상태에서 휘두르는 큰곰의 강력한 펀치를 맞으면 아무리 몸집이 큰 동물이라 해도 잠시도 버티지 못한다. 기본적으로는 사람을 두려워하지만, 공포심 때문에 사람을 덮쳐서 잡아먹기도 한다. 큰곰은 청각이 뛰어나 큰 소리를 싫어하기 때문에 라디오나 방울소리를 울리면서 걸으면 곰을 피할 수 있다고 한다.

**날카로운 발톱으로 먹이를
낚아챈다**

가을이 되어 산란을 위해 강을
거슬러 올라가는 연어를 숨어
서 기다리다가 길고 날카로운
발톱으로 낚아채서 잡는다.

곰은 의외로 빨리 달린다

큰곰을 비롯한 곰은 큰 몸집으로 천천히 움직이는 것처럼
보이지만 시속 50~60km의 속도(사람이 100m를 약 7초에
달리는 속도)로 달린다. 그래서 큰곰을 만나 쫓기면 일단
도망치는 게 불가능하다. 더욱이 곰은 움직이는 것을 쫓
는 습성이 있어서 절대로 뛰어서 도망가면 안 된다.

09 귀여운 얼굴의 킬러! 두려움을 모르는 날쌘 사냥꾼

북방족제비
Mustela erminea

족제빗과에 속하는 북방족제비는 전 세계에 널리 서식하며 일본에는 혼도오코죠(Mustela erminea nippon)와 에조오코죠(Mustela erminea orientalis)라는 아종(亞種)이 있다. 연 2회 털이 새로 나서 털갈이를 하는데, 겨울이 되면 꼬리 끝의 흑색 부분만 남기고 하얗고 보송보송한 털로 바뀐다. 동글동글한 눈이 사랑스러워 캐릭터로 이용되기도 하며 '산의 요정', '산신령의 심부름꾼'이라는 애칭과 더불어 사진집이 출판될 정도로 인기가 높은 편이지만 그 사랑스러운 겉모습과 달리 성질이 상당히 거칠어서 의외의 모습에 놀랄 정도다.

북방족제비는 혼자서 생활하며 나무뿌리나 바위틈에 둥지를 틀고, 때로는 쥐구멍을 가로채며 살아간다. 하지만 북방족제비가 굴속에 가만히 있는 경우는 거의 없다. 좋게 말하면 부지런히, 나쁘게 말하면 앉아 있지 못하고 쉴 새 없이 돌아다니며 먹이가 숨어있을 만한 구멍을 들여다보거나, 긴 뒷다리로 벌떡 일어나 주위를 두리번거린다. 그렇게 정신없이 돌아다니며 끊임없이 먹이를 찾는다.

북방족제비는 사냥하는 모습만 봐도 성질이 거칠다는 것을 느낄 수 있다. 일반적으로 생각하면 자기보다 몸집이 작은 먹잇감을 노릴 것 같지만 북방족제비는 자기보다 몸집이 더 큰 산토끼(Lepus), 뇌조(Lagopus muta) 등에게 기죽지 않고 과감하게 공격한다. 공격하는 방법도 난폭한데 먹이를 발견하면 먹이의 머리와 턱뼈를 깨물어 놀랄 만큼 잔인하게 숨통을 끊어 버린다. 몸놀림도 재빨라서 곡예 같은 동작을 자유자재로 이어간다. 강한 이빨과 뛰어난 신체 능력을 겸비하고 있으며 정신적인 면에서도 두려움이 없으니 그야말로 대단한 사냥꾼이라 할 수 있다.

날쌘 동작으로 먹이를 덮친다

암벽에서 사냥할 때는 쉴
새 없이 돌아다니며 바위
틈이나 굴에 침입해 쥐를
찾는다. 먹이를 발견하면
코나 목을 물어 질식시키
거나 목을 물어 죽인다.

격렬한 춤으로 먹이를 현혹시킨다

북방족제비가 사냥할 땐 몸을 뒤틀며
빙글빙글 도는데 그 모습이 마치 춤을
추는 것처럼 보이기도 한다. 이것은
'위즐 워 댄스(Weasel War Dance)'라는
족제빗과의 행동으로, '족제비가 싸울
때 추는 춤'이라는 뜻이다. 이런 행동
으로 먹이의 마음을 홀리다가 춤을 멈
추면 바로 덮친다.

10 끈덕지고 악착같이 먹이를 쫓는

팀버늑대(timber wolf)라고도 하는 이 늑대는 일반적으로 회색늑대를 말한다. 무리를 이루어 행동하는 늑대는 저녁부터 밤사이에 먹이를 찾아 밤새도록 돌아다니다가 아침이 되면 굴로 돌아온다. 그리고 회색늑대는 후각이 뛰어나 수 km 떨어진 장소에 있는 먹이의 냄새를 맡을 수 있어 후각으로 먹이를 찾아낸다.

또한 사냥은 무리를 이루며 리더를 중심으로 4~5마리가 사냥의 주축을 담당한다. 이동 거리가 200km나 되며, 걷는 속도는 시속 8km로 별로 빠르지 않지만 일단 먹이를 발견하면 맹렬한 속도로 달려가 최고 시속이 55~70km에 달한다. 지구력도 좋아서 최고 속도를 유지하며 약 20분간 계속 달릴 수 있기 때문에 한 번 사냥의 표적이 된 먹이는 회색늑대의 추격을 피하기 어렵다. 필사적으로 달아나던 먹이가 지쳐 보일 때 그 기회를 놓치지 않고 달려들어 엉덩이와 옆구리, 어깨를 마구 물어서 꼼짝 못 하게 만들고 목과 코를 물어뜯어 마지막 숨통을 끊어 버린다.

이렇게 집요하게 사냥하다가도 표적으로 삼은 먹이가 약해 보이지 않거나, 거리를 좁히기 어렵다고 판단되면 계속 쫓아가지 않고 사냥을 멈춘다. 회색늑대는 영리해서 확실하게 먹이를 잡을 가능성이 크지 않으면 시간과 노력의 낭비라 여기고 서둘러 철수하기 때문에 의외로 사냥 성공률은 10%밖에 되지 않는다. 그래서 며칠 동안 먹이를 찾지 못할 경우를 대비해 10kg에 가까운 많은 양의 고기를 한번에 먹기도 한다.

무리지고 약<del>싹</del>같이 먹이를 쫓는 **회색늑대**

계속 무리지어 쫓아다니며 먹이를 사냥한다

먹이의 흔적을 발견하면 냄새를 따라 먹이를 쫓는다. 한 번의 사냥을 위해 수십 킬로미터를 걷고 먹이를 발견하면 추격을 시작한다. 먹이 앞을 가로막는 역할, 뒤에서 꼼짝 못 하게 하는 역할, 등 뒤에서 덮치는 역할 등을 분담해서 먹이를 잡는다.

11 사냥도 머리를 쓴다! 과일보다 육식파인

침팬지는 바나나를 비롯한 과일을 즐겨 먹는다는 이미지가 있지만 사실 육식성이 강하며 원숭이 종류 중 사냥을 가장 많이 한다. 게다가 무리 지어 살고, 사냥도 무리 지어 한다. 먹잇감을 발견하면 쫓는 쪽과 숨어서 기다리는 쪽으로 나뉘어 서서히 먹이를 몰아간다. 침팬지의 손아귀 힘은 약 200kg이나 되는데 그런 엄청난 힘으로 먹이를 잡아서 날카로운 송곳니로 먹이를 물어뜯는다. 잡은 고기는 무리의 동료들과 나누는데 특히 모자 사이에는 분배가 잘 이루어진다.

한편 침팬지는 새끼를 죽이는 동물로도 알려져 있다. 새끼 죽이기 행동은 사자를 비롯한 다른 동물에게서도 볼 수 있는 현상인데 사자의 경우 수컷이 번식 기회를 늘리기 위해 무리 내 다른 수컷의 새끼를 죽여서 암컷을 발정시키는 것이 목적이라면, 침팬지의 새끼 죽이기는 그 목적이 밝혀지지 않은 상태다. 심지어 침팬지는 수컷이나 암컷 모두 같은 무리에 있는 새끼를 죽이고, 심지어 죽인 새끼를 먹어 버리기도 한다. 침팬지의 사냥은 약 80%가 같은 무리 내에서 이루어지며 인간이 습격당하는 사례도 있다. 동물원에서는 친근해 보이는 표정과 애교 있는 몸짓으로 인기가 있지만, 의외로 성질이 거칠고 힘도 세서 위험한 동물이기도 하다.

참고로 침팬지는 4세 인간 정도의 지능이 있어 간단한 말이나 가위바위보 등의 규칙도 이해할 수 있다고 한다. 흰개미를 낚아서 먹기 위해 잔가지를 잘라 잎을 따서 흰개미 소굴에 집어넣기도 하고, 나뭇잎을 씹어서 스펀지 형태로 만들어 구멍에 고인 물을 빨아 마시기도 하며, 목적에 맞게 도구를 만들 수 있을 정도의 높은 지능도 가졌다. 침팬지는 힘도, 지능도 모두 뛰어난 훌륭한 사냥꾼이다.

나무 위를 돌아다니며 먹이를 잡는다

쫓는 자와 숨어서 기다리는
자로 역할을 분담하여 사냥
한다. 자신보다 작은 동물을
쫓아가 붙잡은 뒤 날카로운
송곳니로 물어뜯고 강한 손
아귀 힘으로 찢어서 먹는다.

12 딱딱한 피부와 날카로운 발톱을 가진
사바나의 천하무적

라텔은 족제빗과 동물로, 별명은 '꿀먹이오소리'이다. 식욕이 엄청나고 뭐든지 잘 먹지만, 그중에도 꿀이라면 사족을 못 쓰기 때문이다. 벌집을 발견하면 벌에 쏘이는 것도 두려워하지 않고 계속해서 꿀을 핥는다. 왜냐하면 두꺼운 피부와 피하 지방 덕분에 벌에 쏘여도 별로 통증을 느끼지 못하기 때문이다.

라텔은 꿀을 얻기 위해 벌꿀길잡이새 등의 조류와 공생 관계라는 설이 있다. 벌꿀길잡이새가 하늘을 날면서 벌집을 발견하면 특이한 울음소리로 라텔에게 그 위치를 알린다. 벌꿀길잡이새를 따라간 라텔은 벌집을 부수고 꿀을 핥고, 벌꿀길잡이새는 남은 밀랍을 즐긴다. 하지만 정말로 공생 관계인지는 명확히 알 수 없다. 실제로 라텔이 꿀을 핥은 후에 벌꿀길잡이새가 밀랍을 먹기는 하지만, 그것이 서로 협력하려는 의사에 따른 행동이라고 할 수는 없다.

라텔의 사냥 무기는 구멍을 파는 데 적합한 발톱과 날카로운 송곳니이다. 미어캣이나 쥐의 소굴을 파서 이들을 잡아먹기도 하고, 송곳니로 거북이의 등딱지를 뜯어 먹기도 한다. 또한 라텔은 성질이 난폭하다. 특히 번식기가 되면 잡아먹지는 않지만 사자와 아프리카물소(Syncerus caffer)를 공격하기도 한다. 라텔의 성질이 난폭한 것은 그 강인한 피부 덕분이다. 피부가 폭신폭신하고 탄력이 있어서 사자의 송곳니나 갈고리 모양의 날카로운 발톱으로도 찢어지지 않는다. 심지어 위험하다고 느끼면 냄새샘에서 강렬한 냄새를 발사한 뒤 적을 피해 달아난다. 뱀의 신경독에도 강한 내성을 가지고 있어서 코브라의 독니를 두려워하지 않는다. 그래서 기네스북에 '세계에서 가장 겁이 없는 동물'로 등재되어 있다.

벌꿀길잡이새라는 작은 새는 라텔의 주의를 끌어 벌집으로 인도해서 라텔이 꿀을 다 먹을 때까지 기다렸다가 남은 꿀을 먹는다.

털 가죽이 튼튼한 꿀 사냥꾼

라텔은 꿀을 너무 좋아해서 벌집을 발견하면 벌집을 허물어 뜨리고 꿀을 핥아먹는다. 또한 라텔의 털가죽은 튼튼해서 벌이 공격할 때 몸을 보호할 수 있다. 또 땅파기를 좋아해서 땅을 판 후에 쥐 등의 작은 동물들을 잡아먹기도 한다.

막막한 피부와 날카로운 발톱을 가진 사바나의 천하무적 라텔

13 모든 먹이를 옥죄어 죽이는 아프리카 최강의 뱀

아프리카비단뱀
Python sebae

아프리카비단뱀은 사하라 사막 이남 아프리카에 서식하는 동물로 아프리카에서 가장 크며 어떤 것은 7m가 넘는다. 저녁과 밤, 새벽에 활동하는 경우가 많고 물가를 좋아하며 수영도 잘해서 사바나의 하천이나 호수, 습지 근처에서 자주 발견된다. 물가에 몸을 숨기고 코와 눈만 물 위에 내민 채 숨죽이고 기다리다가 물을 마시러 온 먹잇감을 발견하면 갑자기 달려들어 물어뜯는다. 아프리카비단뱀의 휘어진 긴 이빨은 독은 없지만 먹이에게 깊은 상처를 입힌다. 전신이 근육질인 몸통으로 먹이를 감아서 조이면 큰 동물도 꼼짝하지 못하고 결국 심장이 멈춘다. 그렇게 죽은 먹이는 더는 저항하지 못하므로 천천히 통째로 삼킨다.

아프리카비단뱀은 턱관절이 유연해서 입을 크게 벌리면 웬만큼 큰 동물도 쉽게 삼킬 수 있다. 그래서 아프리카비단뱀은 먹이의 크기를 가리지 않고 사냥한다. 임팔라(Aepyceros melampus), 호저(Hystricidae), 악어 등 자신보다 몸집이 큰 먹이를 잡아먹기도 한다. 하지만 식후에는 무방비 상태가 되는지 큰 먹이를 잡은 직후에 야생 개, 하이에나, 표범 등의 습격을 받아 잡아먹히기도 한다. 또 이들은 안 먹고도 오랜 기간 지낼 수 있는데 2년 이상 아무것도 먹지 않고 살아남았다는 기록이 있다.

드물게 사람을 공격하기도 해서 어린아이가 목숨을 잃는 사고도 일어나고 있다. 일본에서는 동물 애호법에 따라 '특정 동물'로 지정되어 있어서 애완동물로 기르기 위해서는 따로 허가를 받아야 한다. 또한 다른 국가에서는 애완용으로 기르기 힘들어서 놓아주는 사례도 있다고 한다. 마니아층이 많은 동물이지만 제멋대로 구는 사람의 손에 함부로 휘둘리는 안타까운 면도 있다.

물속에 숨어서 **기다리다가**
먹이를 졸라 죽인다

물속에 잠수한 뒤 수면 위로 눈
과 코만 내밀고 먹이를 기다린
다. 그러다가 물을 마시러 온 먹
잇감을 발견하면 단숨에 덮치고
먹이의 몸을 감아서 숨통을 끊
는다. 그리고 입을 크게 벌려서
천천히 삼킨다.

14 맹독으로 코끼리를 한 방에 죽이는 독사

킹코브라
Ophiophagus hannah

인도에서 인도차이나반도, 중국 남부에 걸친 열대 우림이나 평원에 서식하는 킹코브라는 몸길이 3~5.5m로, 세계에서 가장 큰 독사이다. 파충류를 먹기도 하지만 주로 다른 뱀을 즐겨 먹는다. 또한 뱀류 중 최고 자리에 있다고 해서 '뱀의 왕'으로 불렸던 것이 이름의 유래다. 학명은 '뱀을 잡아먹는 것'이라는 의미가 있다.

코브라는 독을 가진 뱀 중에서 상반신을 꼿꼿하게 세우고 상대방을 위협할 때 목 부분이 불룩해지는 뱀을 총칭한다. 다른 코브라는 제자리에서 상대방을 위협하지만 킹코브라는 꼿꼿한 자세로 전진할 수 있어서 공격력이 뛰어나다. 낫 모양의 머리를 쳐들고 위협하는 모습이 씩씩해 보이지만 동그랗고 작은 눈이 애교스러워, 캐릭터로도 자주 사용되며 친숙한 느낌이 들기도 한다.

킹코브라는 먹이를 물 때 상대방의 머리가 연결된 부분을 겨냥해서 송곳니를 내리꽂는다. 그리고 즉시 송곳니에서 독액을 발사하여 먹이의 몸을 마비시켜 죽인다. 먹잇감으로 다른 독사를 노리기도 하지만 킹코브라의 독은 다른 코브라에 비하면 독성이 강하지 않다. 또한 몸집이 큰 만큼 한 번에 주입되는 독의 양이 많아 한번 물면 약 7㎖의 신경독을 주입할 수 있다. 7㎖의 독은 코끼리 한 마리를 죽일 수 있고, 이는 사람 20명분의 치사량에 해당한다. 물린 먹이가 설령 독사라 해도 버티지 못하고 짧은 시간 내에 죽음에 이르게 할 수 있다. 먹이가 죽으면 천천히 통째로 삼키는 것도 킹코브라가 먹이를 먹는 방법이다. 하지만 경계심이 강한 점과 번식기를 제외하면 온화한 편으로 어지간히 위험한 일을 하지 않는 한 사람을 습격하지 않는다.

대량의 독을 집어넣어 뱀을 통째로 삼킨다

킹코브라는 몸집이 큰 만큼 독샘도 커서 한번 물면 7㎖의 독이 들어간다. 주요 먹이는 뱀이며, 날카로운 시력과 혀로 먹이를 물어 죽인다. 독은 신경독과 출혈독의 성질을 모두 가지고 있어, 사람이 물리면 대부분 살아남지 못한다고 한다.

맹독으로 코끼리를 한 방에 죽이는 독사 **킹코브라**

15 긴 혀로 0.05초 만에 먹이를 잡아채는 | 잭슨카멜레온

Trioceros jacksonii

도마뱀류에 속하는 잭슨카멜레온은 머리에 특이한 뿔 3개가 나 있어 '세뿔 카멜레온'이라고도 하며 대부분 나무 위에 살고 움직임이 느리다. 앞발과 뒷발의 발가락이 각 2개씩 안쪽, 바깥쪽으로 갈라져서 양쪽으로 나뭇가지를 꼭 잡고 있다. 잭슨카멜레온이 주로 잡아먹는 것은 곤충으로, 나무 위에서 눈만 대굴대굴 굴리며 먹이를 찾는다. 잭슨카멜레온은 눈동자를 좌우 따로 움직일 수 있어서 상하좌우를 자유자재로 볼 수 있다. 이때 고개를 움직이지 않고도 눈동자를 180도로 움직일 수 있어 쉽게 먹이를 찾는다.

먹이를 발견하면 입 안의 긴 혀가 순식간에 나와서 눈 깜짝할 사이에 먹이를 잡아챈다. 카멜레온의 혀에는 설골이라는 뼈가 있는데 근육으로 덮여 있고 평소에는 오그라든 상태로 있다가 먹이를 잡을 때는 마치 스프링처럼 힘차게 튀어나와 먹이를 잡아채 입으로 집어넣는다. 잭슨카멜레온의 혀끝에서 분비되는 끈적끈적한 점액을 먹이에 살짝 묻히기만 해도 바로 입으로 가져갈 수 있으며 이때 걸리는 시간이 불과 20분의 1초다. 슬로 모션으로 보지 않으면 먹이를 잡아먹었는지 확인할 수 없을 정도로 엄청나게 빠른 솜씨다.

또한 카멜레온은 몸 빛깔을 자유자재로 바꾸는 변신의 귀재로 유명하다. 그래서 태도나 의견이 자주 바뀌는 사람을 카멜레온에 비유하기도 한다. 온도나 빛의 강도, 감정, 컨디션에 따라서 몸 빛깔을 바꾸기도 하지만 주로 주변 환경에 맞춰 자신을 보호하기 위한 위장술로 사용한다. 일반적으로 흥분했을 때는 화려한 색이 되고 컨디션이 나쁠 때는 칙칙한 색이 된다. 외형이 특이해서 반려동물로 인기가 있지만 사육하기는 어렵다고 한다.

긴 혀로 0.05초 만에 먹이를 잡아채는 **잭슨카멜레온**

주변 환경에 섞여 있다가
긴 혀로 먹이를 날름 잡아챈다

자신의 몸을 나뭇가지나 잎과 똑같은 색으로 변화시켜 먹이를 기다린다. 먹이를 발견하면 약 30cm 되는 혀를 뻗어 날름 잡아챈다. 혀끝이 끈적끈적해서 먹이가 쉽게 달라붙는다.

16 수십 마리가 수만 마리의 꿀벌을 학살하는

장수말벌은 말벌 중에서도 가장 크다. 일벌이 27~40mm, 수컷이 27~45mm, 여왕벌은 40~55mm로 크기만 본다면 참새만큼 크다고 보는 사람도 있다. 하지만 수컷은 독침이 없고 대신 일벌과 여왕벌이 벌 중에서 가장 강력한 독침을 가졌다. 장수말벌은 나무껍질을 갉아 침과 섞어서 단단한 둥지를 짓고 무리 지어 살아간다. 둥지 만들기는 초여름부터 시작하여 가을이 되면 둥지 안에서 유충을 키운다. 또한 장수말벌은 유충일 때만 육식을 하고 성충이 되면 꽃가루나 나무 수액을 먹고 먹잇감인 꿀벌이나 쌍살벌(Polistinae)의 유충을 얻기 위해 벌집을 약탈하는 것을 좋아한다. 장수말벌은 동료들과 함께 무리 지어 사냥한다. 사냥은 단계적으로 이루어지며 상당히 조직적이다. 먼저 정찰벌이 사냥할 벌집을 발견하면 페로몬*을 분비해서 동료가 벌집 위치를 인지할 수 있도록 한다. 그리고 동료들과 함께 둥지를 습격해서 저항하는 먹이를 큰 턱으로 공격하거나 독으로 마비시킨 뒤 죽이거나 둥지에서 내쫓는다. 이런 식으로 둥지를 차지한 뒤 유충을 빼앗는다. 확보한 유충은 죽인 벌의 시체와 함께 이빨로 잘게 씹어 침으로 단단하게 뭉쳐서 둥지로 가져가 자신의 유충에게 먹이기도 한다. 장수말벌은 공격력이 강해서 수십 마리의 장수말벌이 약 4만 마리의 꿀벌을 2시간 만에 멸종시킬 수 있다고 한다. 비행 능력도 뛰어나 시속 약 40km로 날며 하루에 약 100km를 이동할 수 있는 지구력도 있다. 위험한 상황을 감지하면 인간을 습격하기도 해서 장수말벌로 인한 사망 사고가 발생하고 있다. 둥지를 발견하면 함부로 접근하거나 쿡쿡 찌르지 말고 소방서나 전문업체에 제거해 달라고 요청하면 된다.

---

* 같은 종의 동물끼리 체외로 분비해서 어떤 행동을 일으키게 하는 물질. 위험 경보 페로몬, 성 페로몬 등을 말함-옮긴이

수십 마리가 수만 마리의 꿀벌을 학살하는 **장수말벌**

강력한 독침으로
꿀벌의 둥지를 전멸시킨다

장수말벌 무리는 양봉꿀벌(Apis mellifera)의 둥지를 덮쳐서 독침을 쏘거나 강력한 턱으로 물어뜯고 공격한다. 수십 마리가 4만 마리의 꿀벌을 2시간 만에 전멸시키기도 한다.

17 둥지도 없이 시력과 점프력으로 사냥하는

파리잡이거미
menemerus confusus

파리잡아거미는 '흰수염깡충거미'라고도 한다. 거미가 사냥할 때는 보통은 '거미줄'을 치고 먹이가 걸려들기를 기다린다고 생각하지만, 사실 이런 방법으로 사냥하는 거미는 전체의 절반 정도에 불과하다. 나머지는 거미줄을 치지 않고 돌아다니면서 먹이를 잡거나 제자리에서 거미줄을 던져 먹이를 잡는다. 거미줄을 치는 거미를 조망성 거미, 치지 않고 떠돌아다니는 거미를 배회성 거미라고 한다. 파리잡이거미는 거미줄을 치지 않는 배회성 거미에 속하며 직접 돌아다니면서 먹이를 찾는다. 또한 파리잡이거미는 파리 말고도 모기나 진드기, 바퀴벌레 유충도 먹기 때문에 사람에게 이익을 주는 익충에 속한다. 발에는 끈적끈적한 털이 있어서 유리처럼 미끌미끌한 곳에서도 편안하게 걸어 다닐 수 있다. 파리잡이거미는 자기 몸의 여섯 배나 되는 거리를 날아갈 수 있어서 영어로는 '점핑 스파이더(jumping spider)'라고 한다. 돌아다니다가 먹이를 만나면 직접 먹이를 죽이는데 잡은 먹이에게 소화액을 주입해 걸쭉하게 만든 다음 빨아들이듯이 먹는 것이 특징이다. 또 돌아다니면서 항상 거미줄을 발사하는데, 이는 덫을 만들거나 먹이를 잡기 위해서가 아니라 높은 곳에서 떨어졌을 때 생명줄이 되기 때문이다. 파리잡이거미는 시력도 뛰어나서 사물의 모양이나 색깔을 인식한다. 시력이 좋은 거미 중에는 투망거미(Deinopidae)도 있다. 일반적으로 거미줄을 치는 조망성 거미는 시력이 약하지만, 투망거미는 조망성 거미이면서 시력이 발달해 있어 어두운 데서도 먹이를 잘 찾을 수 있다. 투망거미는 방사형 거미줄을 치는 것이 아니라 작은 거미줄을 만들어 숨어서 기다리다가 가까이 다가온 사냥감에게 그물을 던지는 방법으로 사냥한다.

멀리 점프해서 먹이를 덮친다

파리잡이거미는 거미집을 만들지 않고 떠돌아다니며 스스로 먹이를 찾아다닌다. 먹이를 발견하면 멀리 점프해 먹이를 덮쳐 숨통을 끊어 버린다.

파리잡이거미에게 세상은 어떻게 보일까?

파리잡이거미의 주안*
(* 8개의 눈 중 시력이 가장 높은 2개의 눈)

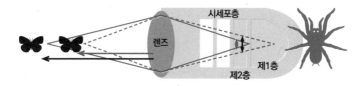

파리잡이거미는 거미 중에서도 특히 시력이 발달한 것으로 알려져 있다. 선명하진 않지만 흐릿한 상태에서 물체의 위치를 파악한다. 위의 그림에서 알 수 있듯이 망막의 세포층에서 상이 초점이 맞지 않아 가까이 있는 대상물은 크게, 먼 것은 작게 보이는 구조로 이루어져 있다.

18 수백만 마리의 무리들로 큰 동물도 먹어 치우는

군대개미
Eciton burchellii

일반적인 개미들은 땅속에 굴을 파지만 군대개미는 일반 개미와 다르게 군대처럼 줄을 지어 이동하면서 살아간다. 대열은 수백만 마리의 무리를 이루며, 앞서가는 개미가 남긴 페로몬의 자취를 따라서 대열을 만들어 행군한다. 군대개미는 일부를 제외하고는 눈이 퇴화해서 거의 앞을 못보기 때문에 진동과 냄새로 먹이를 찾아다니며 닥치는 대로 사냥하는데 기온이 오르면 냄새가 증발하므로 사냥 시간은 오전과 저녁 이후에만 한다.

군대개미 집단은 다른 개미와 마찬가지로 3개의 계급 즉 여왕개미, 수개미, 일개미로 나뉘며, 군대개미의 일개미는 다시 크기에 따라 4계급으로 나뉜다. 대열을 감시하는 대형 일개미, 잡은 먹이를 운반하는 버금 대형 일개미, 먹이를 물어뜯는 공격적인 역할로 사냥의 주축을 이루는 중형 일개미, 물을 건너갈 때 몸과 몸을 연결해서 다리를 만들어 행군을 계속할 수 있게 지원하는 소형 일개미로 구성된다. 특히 소형 일개미는 완전히 자기희생을 기본으로 하는 군인의 역할로 다른 개미에게서는 볼 수 없는 역할이다.

군대개미의 턱은 갈고리 모양으로 휘어져 있어 일단 물리면 좀처럼 떨어지지 않는다. 또 엉덩이에 독침이 있어 먹이를 물어뜯은 상태에서 죽을 때까지 계속 독침을 찌른다. 사람이 죽을 정도의 독성은 없어서 찔렸을 때 가벼운 상처에 그치지만, 수만 마리의 군대개미가 공격한다면 위력이 상당할 것이다. 주로 곤충과 파충류를 먹지만, 질병이나 상처로 약해진 소나 말에게 집단으로 달려들어 통째로 먹기도 하고, 인간이 습격당한 사례도 있으므로 주의해야 한다.

강인한 턱으로 뭐든지 먹어 치운다!

개미굴도 만들지 않고 대규모로 무리 지어 돌아다니며 먹이를 찾는다. 진동과 냄새로 먹이를 찾아서 곤충뿐만 아니라 소 같은 큰 동물도 통째로 먹어 치운다.

몸과 몸을 연결해서 다리를 만들어 어디든 행진한다

군대개미는 이동하는 중에 길에 구멍이 뚫렸거나 균열이 났거나 벼랑이 있으면 자신들의 몸으로 다리를 만들어 앞으로 나아간다. 맨 처음 균열을 발견한 개미가 동작을 멈추면 그 개미 위에 다른 개미가 올라앉고 이것을 반복하여 다리가 형성되는 구조이다.

수백만 마리의 무리들로 큰 동물도 먹어 치우는 **군대개미**

먹잇감이 되지 않고 살아남는
생존 기술

먹이로 희생되는 동물들도 당하기만 하는 것은 아니다. 사냥꾼에게 맞서기 위해 각자 신체의 특성을 살려 자신의 몸을 지켜왔다. 살아남기 위해 생존 기술을 익힌 동물들을 소개한다.

① 브라질세띠아르마딜로
Tolypeutes tricinctus

등의 피부가 딱딱한 껍질로 되어 있는데 적에게 습격을 당하면 몸을 공처럼 동그랗게 만든다. 재규어조차 당해낼 수 없을 정도로 몸의 표면이 굉장히 딱딱하며, 부드럽고 약한 배 부분을 보호하기 위해 몸을 구부린다. 미국에서는 자기 집 마당에 나타난 아르마딜로에게 총을 쐈는데 총알이 등껍질에서 튕겨 나왔다는 사례가 보도된 적이 있다.

② 줄무늬스컹크
Mephitis mephitis

스컹크는 적에게 습격을 당하면 등을 굽히고 꼬리는 위로 세운 채 항문 옆의 항문선에서 악취가 나는 액체를 뿜는다. 마늘과 불에 탄 고무가 섞인 듯한 냄새가 너무 지독해서 육식 동물들도 달아날 정도다.

③ 아프리카물소
Syncerus caffer

1천 마리가 넘는 대규모로 무리 지어 생활하면서 천적에게서 무리를 보호한다. 몸무게가 900kg이나 되고 사나운 성격에 엄청난 힘을 가지고 있어 무리 지어 있으면 사자도 웬만해서 접근하지 못한다.

제 2 장

하늘의 동물

자유자재로 하늘을 날아다닐 수 있는 능력과 힘을 가진
맹금류, 물속으로 뛰어드는 기술을 가진 조류까지 자신
의 모든 능력을 이용해서 먹이를 잡는 하늘의 동물들을
소개한다.

19 날카로운 발톱으로 찔러 먹이를 움켜쥐는

'하늘의 제왕'으로 불리는 독수리 중에서도 숲속 생태 피라미드의 꼭대기에 서 있는 동물이 그 유명한 검독수리이다. 몸 전체가 어두운 갈색을 띠며, 성장하면 머리 뒷부분부터 등에 걸쳐 밝은 금갈색 깃털이 나 있는 것이 특징이다. 또한 꼬리에는 3개의 띠가 있다.

검독수리의 특기는 뭐니 뭐니 해도 하늘을 날아가는 능력이다. 펼치면 2m나 되는 날개를 가지고 있어 거친 바람 속에서도 멋지게 날 수 있다. 꼬리 날개로 속도와 방향을 미세하게 조절하면서 자유자재로 비행한다고 하여 '바람의 정령'이라고도 부른다.

평소에는 한적한 숲이나 암벽에서 지내지만 배가 고프면 초원이나 절벽 등 탁 트인 곳으로 이동해서 사냥한다. 사냥할 때 검독수리는 매우 활발하게 움직인다. 1,500m 앞에 있는 먹이도 찾을 수 있는 훌륭한 눈을 무기로 하늘을 유연하게 날면서 산토끼, 다람쥐, 꿩, 뱀 등의 먹이를 찾는다.

그리고 먹이를 발견하면 날개를 접고 재빨리 내려간다. 먹이에게 도망갈 틈을 주지 않고 날카로운 갈고리발톱이 달린 다리로 힘껏 잡아챈다. 이때의 힘이 아주 강해서 산토끼의 경우 쉽게 잡혀 목숨을 잃을 정도라고 한다.

검독수리는 한 쌍이 세력을 형성하고 1년 내내 그 안에서 생활한다. 하지만 짝을 지어 사냥할 때는 사냥 전술을 바꾼다. 한 마리가 앞쪽으로 접근해서 사냥감의 주의를 끌면 다른 한 마리가 등 뒤에서 덮친다. 사냥에 성공하면 발톱으로 먹이의 감촉을 확인하면서 빠르게 절벽 위로 이동한다. 그 다음 갈고리 모양의 끝이 뾰족한 부리와 강력한 다리로 손쉽게 먹이를 찢어서 먹는다.

재빨리 다가가 순식간에 먹이를 잡는다

날개를 접고 빠르게 내려가 먹이 바로 앞에서 날개를 크게 펼치고 속도를 줄인다. 그리고 발을 내밀어 먹이를 낚아챈 뒤 엄지발톱으로 찔러서 잡는다.

낮게 혹은 높게 하늘을 마음대로 날아다닌다

독수리는 높은 하늘이나 멀리 떨어진 곳에서 먹이를 찾다가 좀처럼 먹잇감이 보이지 않으면 낮게 비행하면서 탐색하기도 한다. 바로 위로 올라갔다가 땅 위에 아슬아슬하게 내려가면서 차분하게 먹이를 찾는다. 그러다가 먹이를 발견하면 시속 약 200km의 속도로 비행해서 잡는다.

재빨리 내려감

낮게 비행

20 날카로운 갈고리발톱을 세워 물속으로 다이빙하는

물수리
Pandion haliaetus

물수리는 매와 솔개를 닮았지만 배가 하얗게 빛나 보이기 때문에 지상에서도 쉽게 발견할 수 있다. 그리고 날개가 길고 가늘며 공중에서 갑자기 내려가 먹이를 사냥한다고 해서 '어응(魚鷹, 물고기 잡는 새)'이라는 별명을 가지고 있다. 영문 이름 '오스프리(Osprey)'는 미국 군용기의 이름으로도 사용되고 있다.

물고기만 잡아먹기 때문에 바다와 강, 호수 주변에서 산다. 물 표면의 빛이 반사되는 것을 통제하는 특수한 눈을 가지고 있어 상공에서도 물속의 물고기를 찾아낼 수 있다. 때로는 물속으로 뛰어들어 먹이를 잡기 때문에 깃털이 물을 튀기도록 기름기로 덮여 있다.

물수리는 나무 위에 멈춰 서서 수면을 바라보거나 상공을 빙글빙글 돌면서 먹잇감이 될 만한 물고기를 찾는다. 먹잇감을 발견하면 격렬하게 날갯짓을 하며 정지한 상태로 날면서 목표물을 정하고 적당한 때를 살피다가 재빨리 내려가 수면에 닿기 직전에 날카로운 갈고리발톱을 꺼내 먹이를 움켜쥔다. 갈고리발톱이 먹이의 뇌를 파고들어 먹이가 움직임을 멈추면 재빨리 발톱으로 으스러뜨린다. 물수리의 사냥 성공률은 60~70%로 높은 편이지만 간혹 잡은 먹이가 너무 커서 날아오르지 못해 익사하기도 한다. 이런 사고는 숭어나 농어, 송어 등 대형 물고기도 과감하게 잡기 때문에 일어나기 쉽다고 한다.

물수리가 사냥하는 이유는 암컷의 관심을 끌기 위해서이기도 하다. 암컷을 발견하면 잡아놓은 물고기를 옮기면서 울음소리와 함께 힘차게 공중을 빙빙 날아다닌다.

갈고리발톱으로 먹이를 꼼짝 못 하게 한다

날카로운 갈고리발톱이 달린 발바닥에는 까슬까슬한 가시가 있어 일단 먹이를 잡으면 꼼짝 못하게 만든다. 작은 먹이는 한 발로 잡고, 큰 먹이는 숨통을 조이듯 움켜잡아 둥지로 옮긴다.

21 부리만 물속에 넣고 수면 위를 날아가는

집게제비갈매기는 먹이를 긴 부리에 끼워서 잡는다고 해서 붙여진 이름이다. 이 갈매기는 부리가 얇고 윗부리보다 아랫부리가 굵고 긴 것이 특징이다.

집게제비갈매기들은 주로 물고기들이 수면으로 올라오는 저녁부터 밤 사이에 사냥한다. 조류 중에서 드물게 눈동자가 고양이처럼 세로로 길어서 밝거나 어둡거나 상관없이 먹이가 잘 보이는 구조로 이루어져 있다.

사냥할 때는 강의 물 위를 평행하게 날아가면서 물고기가 수면 위로 올라오기를 기다린다. 그러다 먹이의 낌새가 느껴지면 긴 아랫부리를 물속에 꽂은 채 수면 위를 스치듯이 날아가면서 기회를 노린다. 그리고 아랫부리에 물고기가 닿는 순간 재빨리 머리를 숙여 먹이를 부리에 끼운다. 곤충도 먹이로 삼지만 주로 강의 작은 물고기를 잡아먹기 때문에 부리는 물의 저항을 받지 않고 먹이를 잡아 올리기 쉬운 구조이다.

물고기가 아랫부리에 닿은 뒤 잡힐 때까지 걸리는 시간은 약 0.1초로 먹이에게 도망갈 틈을 주지 않기 위해 재빨리 잡는다. 같은 물길을 왔다 갔다 하면서 먹이를 찾아다니는데 이 과정에서 사냥에 성공할 확률이 높다고 한다. 다만 부리의 위아래 길이가 다르기 때문인지 잡은 물고기를 둥지로 옮길 때 떨어뜨리기도 한다.

아무리 사냥 솜씨가 뛰어나고 밤눈이 밝다 해도 물속에 있는 물고기의 크기까지 구분할 수는 없다. 하지만 메기 같은 큰 물고기와 부리가 부딪쳐도 떨어뜨리지 않도록 머리와 목의 근육 조직이 발달해 있기 때문에 충격을 흡수할 수 있다고 한다.

**수면 위를 왕복하면서
아랫부리로 먹이를 찾는다**

강물 위를 스치듯 날아가면서
물고기를 찾는다. 물고기의 낌
새를 느끼면 아랫부리를 수면에
넣어 먹이와 닿는 순간 바로 잡
아 올린다.

왜 아랫부리가 더 길까?

집게제비갈매기의 부리는 아랫부리가
긴데, 이는 다른 조류에서는 볼 수 없는
형태이다. 이유는 밤이 되면 물고기들이
수면 위를 뛰어다니는 벌레를 잡아먹으
러 올라오는데 주로 밤에 사냥하는 집게
제비갈매기에게는 이런 형태의 부리가
적합하다고 한다.

22 빠른 속도로 내려가 먹이를 발로 차서 떨어뜨리는

송골매
Falco peregrinus

송골매는 날카로운 부리와 발톱을 가진 맹금류이다. 독수리나 매와 비슷하지만 부리에서 머리 뒤까지 돌출된 부분이 적고 단정한 얼굴이 특징이다. 송골매는 눈 밑이 검은데 이는 눈 밑의 깃털이 태양 빛을 반사해서 눈부심을 방지하는 역할을 한다.

송골매의 먹이는 주로 소형에서 중형 크기의 조류이지만, 소형 포유류나 곤충도 잡아먹는다. 먹이를 찾을 때는 높은 하늘을 큰 원을 그리듯이 맴돈다. 움직이는 사물을 보는 시력이 좋아서 1,500m 떨어진 곳에서도 들쥐를 찾을 수 있다. 하늘을 날아가는 어떤 새를 사냥감으로 정하면 먹이보다 더 높은 상공으로 재빨리 올라간 뒤, 양 날개를 접어서 등에 붙이고 빠른 속도로 내려간다. 거의 부딪힐 정도로 먹이에게 가까이 다가가서 날카로운 갈고리 발톱이 달린 다리로 날개의 근육 부위를 힘껏 차서 먹이를 떨어뜨린다. 그리고 방향을 바꿔 먹이를 공중에서 잡고 부리로 마지막 일격을 가한다.

폭이 좁고 끝이 뾰족한 날개를 가진 송골매는 빠른 속도로 내려가는 것이 주특기로 그 속도가 조류 중에서 가장 빨라서 30도로 내려가면 시속 270km가 넘고, 45도로 내려가면 350km에 이르기도 한다. 이 정도의 속도로 따라오면 목표물이 된 새는 도망갈 방법이 없다. 왜냐하면 송골매가 공격하는 모습을 알아채고 재빠르게 돌아서서 도망치려고 해도 송골매에게 계속 추격당하기 때문이다. 송골매는 빠르고 정확하게 먹이를 잡은 뒤 둥지로 가지고 가서 갈고리 모양의 날카로운 부리로 고기를 찢어서 먹는다. 송골매는 공격력이 상당히 뛰어나지만 철새처럼 무리를 이루어 다니는 상대에게는 약하다. 자신의 날개에 상처가 나는 것을 가장 두려워하기 때문에 송골매의 그림자를 보고 몰래 지상으로 내려오는 철새 무리는 쫓지 않는다.

부딪힐 듯 다가가 발로 차서 떨어뜨린다

송골매는 날고 있는 새를 맹렬한 속도로 쫓아가 발가락을 한껏 벌리고 앞으로 힘껏 걷어차 숨통을 끊어 버린다. 비둘기 같은 큰 먹이를 노리기도 한다.

빠른 속도로 내려가 공격하는 송골매

송골매는 빠른 속도로 날아갈 수 있어 공중전이 특기이다. 어떤 새를 사냥감으로 정하면 빠른 속도로 내려가서 날카로운 발톱이 달린 발로 한 번 걷어찬다. 살아있는 상태로 추락하는 먹이를 공중에서 낚아챈 뒤 날아가면서 부리로 먹이의 뒤통수에 일격을 가한다. 작은 먹이는 으스러뜨린 뒤 땅 위에 내려와 숨통을 끊기도 한다.

빠른 속도로 내려가기

부딪치기

잡아채기

23 다른 새의 먹이를 가로채는

아메리카군함조는 날개를 펼치면 2.3m나 되는 큰 바닷새로 빠르게 비행하는 특기를 가지고 있다. 또한 끝이 날카롭고 갈고리처럼 구부러진 부리가 특징적이고 바닷새이지만 깃털이 물을 흡수하는 성질이 있어서 바다에서 헤엄을 치지는 못한다. 몸은 청록빛의 광택이 나는 검은색 깃털로 덮여 있고 수컷은 목에 붉은 주머니가 있다. 번식기가 되면 이 목주머니를 풍선처럼 크게 부풀려 암컷에게 자신의 존재감을 나타낸다.

아메리카군함조의 먹이는 물고기, 오징어 등의 바다 동물이지만 항상 스스로 먹이를 잡아서 먹는 것은 아니다. 갈색얼가니새(Sula leucogaster)나 펠리컨 등 사냥에 성공한 다른 새가 물고 있는 물고기를 가로채는 일이 자주 있다. 먼저 상대방이 먹이를 가지고 있는지를 확인한다. 가로챌 대상인 갈색얼가니새나 펠리컨은 물고기를 입에 가득 채워서 운반하기 때문에 물고기를 가지고 있을 때와 없을 때 나는 소리가 달라 울음소리로 그 여부를 구별한다.

입안에 먹이가 있다는 것을 알면 속도를 높여 뒤쫓아가서 겁을 준 다음, 공격하여 물고기를 토해내게 한 다음 가로챈다. 새끼를 위해 먹이를 나를 때는 쉽사리 토해내지 않기 때문에 날개나 꼬리를 잡아당기거나 공중에서 뒤집어서 계속 공격을 가해 억지로 토하게 한다.

상대방이 먹이를 조금이라도 토해내면 갈고리처럼 휘어진 부리로 빼앗은 물고기를 집어 올린다. 토해낸 물고기가 공중에 떨어져도 빠른 속도로 내려가서 재빨리 낚아챈다. 사실 이런 모습은 날치기꾼이 하는 짓이다. 비겁해 보일 수 있지만 날개가 물에 젖으면 날지 못하기 때문에 먹이를 쉽게 얻을 방법이라고는 가로채는 수밖에 없다.

다른 새의 먹이를 가로채는 **아메리카군함조**

물고기를 물고 가는 새를 쫓아가 가로챈다

사냥을 마치고 자신의 둥지까지 먹이를 나르는 새에게서 물고기를 가로챈다. 같은 아메리카군함조끼리도 이런 행위를 한다니 놀랍다.

24 재빨리 내려가 물속으로 뛰어들어 사냥하는

물총새
Alcedo atthis

강가나 늪가 등의 물가에 서식하는 물총새는 몸과 꼬리가 짧고 길쭉한 부리를 가지고 있다. 몸통 윗면은 푸른빛을 띠고, 아랫면은 선명한 밤색을 띠고 있어 날아다니는 보석이라고 불릴 정도로 아름다운 외모를 자랑한다. 물고기를 잡는 것이 특기라서 영어로 '어부 왕'이라는 별명을 가지고 있다. 또한 가늘고 긴 부리는 물속에 뛰어들었을 때 물의 저항을 줄이는 데 적합하다. 물총새는 송사리, 피라미, 미꾸라지 등의 작은 물고기와 새우를 먹이로 먹는데 먹잇감을 찾을 때는 수면 위에 튀어나온 말뚝 위나 낮게 뻗어 있는 나뭇가지에 올라앉아 물속의 작은 물고기를 관찰한다. 가만히 앉아서 오랜 시간 움직이지 않을 때도 있는데 그렇다고 잠을 자는 것은 아니다. 물속의 물고기 그림자를 쫓아 먹이가 사정거리 안으로 들어오기를 기다리는 것이다.

먹이가 사정거리에 들어오면 빠른 속도로 머리부터 물속에 뛰어든다. 그리고 먹이를 부리에 끼워서 유턴한 다음, 바로 물속에서 날아올라 원래 있던 말뚝이나 나뭇가지로 돌아가 먹이를 세게 내리쳐서 죽인다. 먹이가 작으면 통째로 삼켜 버리기도 한다. 물속으로 뛰어들어 먹이를 부리에 끼우고 제자리로 돌아가기까지 걸리는 시간은 단 몇 초에 불과하다. 물총새는 멈춘 상태로 떠 있는 제자리 비행(hovering)을 할 수 있어서 공중에 떠 있는 상태로 먹이를 찾기도 한다.

물총새는 이런 사냥을 하루에도 몇 번씩 반복하는데 1회 사냥에 5~20분 정도의 시간이 걸린다. 그 후에는 수영하거나 날개를 정리하면서 1시간 정도 휴식을 취한다. 해가 떨어질 때까지 같은 행위를 반복하면서 먹이의 크기에 따라 다르지만 하루 20마리 정도의 작은 물고기를 잡는다.

눈을 감아도 먹이는 놓치지 않는다

많은 조류와 마찬가지로 물총새에게도 '순막'이라는 제3의 눈꺼풀이 있다. 이는 물속으로 고속 다이빙을 할 때 눈을 보호하기 위한 것이다. 순막은 투명하거나 반투명한 막이라서 순막을 닫는다고 먹이가 보이지 않는 것은 아니다.

25 나무를 두드려 벌레가 있는 곳을 찾아내는

딱따구리
Picidae

딱따구리는 종류가 상당히 많아 전 세계적으로 254종이나 있다고 한다. 대부분은 날카롭고 뾰족한 부리를 가지고 나무에 구멍을 뚫어 그 속에 있는 벌레를 잡아먹는다. 딱따구리는 부리로 나무줄기를 톡톡 두드리기만 해도 그 안에 곤충이나 곤충의 유충, 거미와 같은 먹이가 있는지 판단할 수 있다. 먹이가 있다고 판단하면 부리로 두꺼운 나무껍질을 벗기고 구멍을 뚫은 다음 긴 혀로 먹이를 끄집어내서 잡아먹는다.

딱따구리는 튼튼한 다리를 가지고 있으며 앞뒤로 2개씩 달린 발톱을 나무껍질에 걸어 몸이 옆으로 흔들리는 것을 막는다. 나무줄기에서 수직으로 앉아 있거나 위아래로 자유롭게 움직일 수도 있다. 날개축이 단단한 꽁지깃으로도 몸을 지탱할 수 있기 때문에 먹이를 쿡쿡 찌르거나 먹으면서 안정적으로 나무에 머물러 있을 수 있다.

딱따구리는 먹이를 찾을 때만 나무를 쪼는 것이 아니다. "따다다다" 하고 가볍게 두드리는 행동을 세력을 과시하는 행동이라고 하며 이것을 '드러밍(drumming)'이라고 하는데 이는 이성을 유혹하는 행위이기도 하다.

딱따구리는 먹이를 찾거나 세력을 과시하려고 나무를 쉴 새 없이 쪼아대지만 그 충격으로 부리나 뇌가 다치거나 두통을 앓는 일은 없다. 스펀지 형태의 두꺼운 두개골이 뇌를 보호해 주며 초당 20번의 속도로 나무를 두드리므로 접촉 시간이 짧은 점도 뇌를 보호하는 요인으로 볼 수 있다.

딱따구리의 부리가 튼튼하고 부리와 턱을 연결하는 근육도 상당히 발달해 있어서 충격을 흡수하고 분산시켜 준다. 게다가 길게 뻗을 수 있는 혀를 가져서 손상 없이 효율적으로 먹이를 잡을 수 있다.

나무를 콕콕 찌르기만 해도 먹이가 있는지 알 수 있다

딱따구리는 나무를 콕콕 찔러서 되돌아오는 반향음이나 부리의 감촉으로 나무속을 확인한다. 먹이가 있으면 끈적끈적한 침으로 덮인 긴 혀와 단단한 부리를 이용해서 잡아먹는다.

머리 위까지 길게 뻗은 딱따구리의 긴 혀

딱따구리의 혀는 상당히 길어서 이마에서 두개골 뒤쪽으로 빙 돌아 윗부리의 천장까지 뻗어 있다. 머리 뒤쪽에 'V'자 모양의 '설골'이 있는데 이 뼈들이 아코디언처럼 접힌 채 있다가 혀를 뻗으면 혀뿌리 부근의 근육이 수축하면서 설골을 앞으로 밀어 혀를 밖으로 길게 내밀 수 있다. 먹이가 잘 걸리도록 혀끝이 솔혹은 화살촉처럼 생겨 나무속의 벌레를 끄집어낸다.

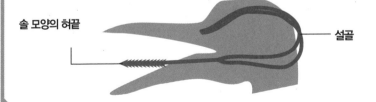

솔 모양의 혀끝

설골

26 단체로 쏜살같이 바다에 뛰어드는

푸른발얼가니새
Sula nebouxii

이름으로 짐작할 수 있듯 푸른발얼가니새는 예쁜 푸른 발을 가졌다. 구애할 때는 수컷이 푸른 발을 번갈아 들었다 났다 하면서 거들먹거리며 암컷 주위를 돌아다닌다. 주요 서식지는 바다와 해안 절벽이며 주로 등 푸른 생선을 먹이로 삼는다. 푸른발얼가니새의 다리가 푸른 이유는 등 푸른 생선에 들어 있는 카로티노이드라는 천연 색소 때문이다. 등 푸른 생선을 많이 먹은 수컷일수록 뛰어난 사냥 기술을 가졌다는 것을 나타낸다. 집단으로 번식하는 푸른발얼가니새는 사냥도 집단으로 하는 성질이 있다. 바다에서 10~30m 상공을 수백 마리가 무리 지어 날면서 먹이를 찾는다. 그러다가 물고기 떼를 발견하면 한 마리가 울음소리를 내며 다이빙한다. 이어서 한 마리, 또 한 마리가 뛰어들어 무리 전체가 쏜살같이 바다로 뛰어든다. 이때의 속도는 시속 약 100km다. 갑자기 하늘에서 덮쳐오는 적에게 물고기들이 놀라서 혼란스러워하는 틈을 타 쫓아다니며 사냥한다.

물속으로 뛰어들 때는 날개를 뒤로 접어서 몸을 가늘고 긴 형태로 만든다. 이것은 날개 관절이 부드럽고 접을 수 있는 근육이 발달한 푸른발얼가니새만이 할 수 있다. 몸을 이런 형태로 만들면 수심 10~20m까지 잠수할 수 있다고 한다.

하지만 엄청나게 빠른 속도로 바다에 뛰어들기 때문에 날개를 접고 있어도 수면에 부딪히는 충격으로 골절상을 입기도 한다. 이런 사고를 방지하기 위해 바닷속에 뛰어든 다음에는 일단 옆쪽으로 떠올랐다가 수평 방향으로 날아가서 상승한다는 규칙이 있다. 그래도 사냥 방법이 위험하다는 사실은 변하지 않는다.

수백 마리가 무리를 지어 물고기 떼를 향해 돌진한다

상공에서 물고기 떼를 발견하면 무리 지어 빠르게 바닷속까지 힘차게 다이빙한다. 이 모습은 마치 수많은 화살이 해면에 꽂히는 것처럼 보인다.

단체로 쏜살같이 바다에 뛰어드는 프테라노돈뿐이타

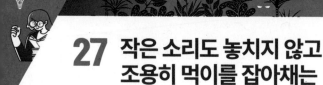

27 작은 소리도 놓치지 않고 조용히 먹이를 잡아채는

긴점박이올빼미

Strix uralensis

땅딸막한 둥근 몸에 큰 눈이 특징인 긴점박이올빼미는 다른 새들과 달리 눈이 얼굴 전면에 있어 사람만큼 시야가 넓다. 또 머리를 270도 이상 빙빙 돌릴 정도로 목이 잘 돌아가기 때문에 훨씬 더 넓은 범위를 볼 수 있다.

이처럼 목이나 눈 못지않게 기능적인 역할을 하는 귀는 고막이 크고, 귀 부분의 작은 뼈가 중심에서 약간 어긋나 있어서 작은 소리도 정확하게 들을 수 있다. 긴점박이올빼미는 종종 고개를 갸웃거리는 행동을 한다. 이는 상대를 잘 보고 있으며 소리가 나는 곳과 거리를 정확하게 측정하고 있다는 뜻이다.

야행성인 긴점박이올빼미는 당연히 밤에 사냥한다. 곤충이나 개구리, 쥐, 작은 새 등 작은 포유류를 먹이로 삼지만, 청각이 뛰어나서 어떤 먹이가 어느 쪽을 향해 움직이고 있는지 놀라울 정도로 정확하게 알아낸다. 눈 위를 살금살금 걸어가는 아기 쥐의 발소리까지 놓치지 않는다.

그리고 뛰어난 청각으로 먹이의 위치를 재빨리 파악한 뒤 소리 없이 다가가 낚아챈다. 긴점박이올빼미의 다리는 짧아 보이지만 실제로는 길고, 발가락은 앞뒤로 2개씩 십자형으로 벌어져 있으며, 끝이 날카로운 갈고리발톱으로 되어 있다. 잡는 힘도 강해서 쥐나 두더지 등의 먹이를 꽉 잡고 놓지 않는다. 먹을 때는 입을 크게 벌리고 통째로 집어넣는데 귀여운 표정을 지으면서 식사하는 모습이 의외로 호쾌하다.

깃털에 가려져 있어 잘 보이지는 않지만 긴점박이올빼미의 부리는 끝이 휘어지고 날카롭다. 이 훌륭한 부리는 통째로 먹을 수 없는 큰 먹이의 살점을 찢거나 먹이를 물고 둥지로 돌아갈 때 적절하게 사용한다.

먹이에게 들키지 않게 몰래 다가간다

야행성인 긴점박이올빼미는 눈
보다 귀가 더 무기이다. 뛰어난
청각으로 어떤 작은 소리도 알
아차리면서 자신은 소리를 내
지 않고 날 수 있다. 그래서 쥐
나 작은 새는 잡힐 때까지 적이
가까이 다가오고 있다는 것을
눈치채지 못한다.

소리 없이 날 수 있는 날개 구조

긴점박이올빼미의 날개는 다른 새에
비해 부드럽고 유연하다. 날개 끝은
들쭉날쭉한 솜털로 되어 있어 날아갈
때 발생하는 바람을 분산시키고 소리
가 줄어들게 만든다.

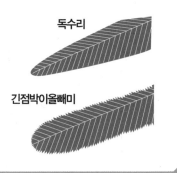

독수리

긴점박이올빼미

28 큰 날개 같은 다리를 펼쳐 먹이를 에워싸는

박쥐
Chiroptera

박쥐는 새처럼 동력 비행을 할 수 있는 유일한 포유류다. 박쥐의 날개로 보이는 것은 실제로는 앞다리이며 발가락과 발가락 사이의 비막(飛膜)이 날개의 역할을 한다. 밤하늘을 파닥파닥 날아다니는 박쥐의 비행 방법이 효율적이지 않은 것처럼 보이지만 운동 능력이 상당히 좋아서 새보다 회전을 더 잘한다고 한다.

전 세계에 1천여 종이나 되는 박쥐는 곤충을 잡아먹는 종, 과일을 먹는 종, 물고기를 주식으로 하는 종 등 다양하다. 예를 들면 개구리를 잡아먹는 개구리잡이박쥐(*Trachops cirrhosus*), 토끼처럼 큰 귀를 가진 일본긴귀박쥐(*Plecotus sacrimontis*) 등이 있다. 참고로 도시에서 저녁 무렵에 박쥐 대부분은 집박쥐(*Pipistrellus abramus*)이며 이들은 나방, 파리, 벌 등의 곤충을 잡아먹는다.

야행성인 박쥐의 눈은 거의 보이지 않지만 눈에서 나오는 초음파가 레이더 역할을 해서 먹이를 탐지한다. 눈은 먹이의 존재와 크기, 먹이와의 거리 등을 빠르고 정확하게 측정할 수 있다. 사람에게도 들리는 1만 헤르츠(Hz)의 낮은 소리부터, 사람에게 들리지 않는 15만 헤르츠의 높은 소리까지 불연속적으로 내고 다시 돌아오는 소리를 통해 주위에 먹이가 있는지 파악한다.

예를 들어 개구리잡이박쥐는 초음파를 이용해서 개구리가 있는 위치를 파악할 뿐만 아니라 사정권 내에 있는 개구리의 울음소리로 독이 있는지도 판단할 수 있다. 개구리도 먹이가 되고 싶지는 않기 때문에 적의 낌새를 느끼면 울음을 멈추고 숨을 죽이고 가만히 있지만 다만 울음을 멈추더라도 몇 초간은 영향이 있을 수밖에 없다. 개구리잡이박쥐의 레이더는 이 모든 것을 감지할 정도로 섬세하고 정확하다.

**비막으로 에워싸서
절대 놓치지 않는다**

먹이를 비막으로 에워싸서
도망가지 못하게 막는다. 잡
으면 입으로 물고 날아간다.

장애물인지 먹이인지 판별할 수 있는 초음파

박쥐가 불연속적으로 발사하는 초음
파는 앞쪽으로 날아간다. 앞쪽에 아무
것도 없으면 소리는 그대로 사라지
만 무언가 걸리는 것이 있으면 물체에
부딪쳐 음파가 되돌아온다. 이렇게 반
사되는 음파로 장애물이나 먹이가 있
는지를 파악하고 동료의 위치를 확인
하는데 이를 반향 정위(echolocation)
라고 한다.

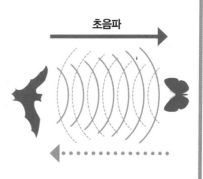

초음파

29 날카로운 눈으로 죽은 고기를 찾아내는

독수리는 살아 있는 동물이 아니라 죽은 대형 초식동물을 먹는다. 날카로운 눈으로 시체를 발견하거나 멀리 떨어진 곳에 있는 무리들의 움직임을 관찰한다.

아프리카처럼 자연환경이 풍부한 지역에 서식하고 있다고 해서 항상 대형 초식동물의 사체를 발견할 수 있는 것은 아니다. 먹이를 찾기 위해서 오랜 시간을 날아다녀야 하는데, 독수리는 날개 폭이 넓어서 날갯짓하지 않아도 공중에 머물러 있을 수 있다.

독수리 한 마리가 동물의 사체를 발견하면 어디선가 다양한 종류의 독수리들이 모여든다. 언뜻 보면 시체에 시끌벅적하게 몰려들어 먹이를 헤집고 다니는 것처럼 보이지만, 실제로 독수리끼리는 식사 규칙이 확실하게 정해져 있다. 먼저 시체를 헤집기 시작하는 대형 독수리는 날카로운 부리를 가진 흰머리검은독수리(Trigonoceps occipitalis)이다. 이 독수리는 부리로 시체를 자르면서 살점과 피부를 위 속에 집어넣는다. 내장을 먹는 아프리카흰등독수리(Gyps africanus)는 먼저 도착해도 차례를 기다려야 한다. 몸집이 작고 힘이 없는 이집트대머리수리(Neophron percnopterus)가 겨우 먹이를 찾을 때쯤이면 남아있는 것은 뼈에 붙어 있는 작은 살점뿐이다. 이처럼 종에 따라서 먹는 순서와 부위가 다르다.

독수리는 시체를 먹는다고 해서 부육식(腐肉食) 동물이라고 한다. 얼룩말 1마리를 무려 30분 만에 먹어 치우는데 그야말로 고기가 썩을 새도 없을 정도로 빠르게 먹어 치워버린다. 실제로는 빨리 먹고 대식가이기도 해서 독수리 덕분에 시체가 썩어 방치되거나 시체에서 발생하는 병균으로 인해 감염증이 퍼질 일은 없어진다. 생태계의 청소부 역할을 하는 셈이다.

사체나 약해진 초식동물 찾기
상공에서 항상 지상을 감시하며 먹이가 있는지 살핀다. 못 움직이는 초식동물을 발견하면 근처에 내려앉아 죽을 때까지 기다렸다가 잡아먹는다.

종류에 따라 먹는 부위가 다르다

먼저 식사를 시작하는 흰머리검은독수리와 모자쓴독수리(*Necrosyrtes monachus*)는 날카로운 부리로 큰 살점과 피부, 힘줄을 먹는다. 이후 아프리카흰목대머리수리가 내장을 먹고, 아프리카흰등독수리가 나머지 내장을 먹는다. 주름얼굴독수리(*Torgos tracheliotos*)가 작은 살점을 먹고 나면 마지막으로 이집트대머리수리가 뼈에 붙은 나머지 살점을 먹는다.

흰머리검은독수리

아프리카 흰목대머리수리

주름얼굴독수리

이집트대머리수리

■부드러운 살점　■큰 살점　■피부 및 힘줄
■뼈에 붙은 살점　　작은 살점　■그 외

30 대범하게 벌집을 부수고 벌을 잡아먹는

매의 일종인 벌매는 산지나 구릉지의 삼림에 서식한다. 외관은 날개 색이 다양해서 검은 것도 있고 흰 것도 있는데 한눈에 다른 매류와 벌매를 구별하기는 어렵지만 수컷은 검은자위가 크고 얼굴이 귀여운 모습인데 반해 암컷은 검은자위가 작고 맹금류답게 단호한 모습이다.

벌매는 식성이 다양하지만 이름으로 짐작할 수 있듯이 주로 벌을 먹는다. 특히 공격성이 높고 강력한 독을 가진 말벌(Vespinae)이나 쌍살벌(Polistinae)을 좋아한다고 하니 상당히 강한 녀석이다. 벌매는 좋아하는 벌을 잡으려고 나뭇가지에 가만히 앉아서 벌의 행동을 관찰하거나 추적해서 벌집을 찾아낸다.

먹이를 잡는 방법은 참으로 대범한데 벌침 따위는 신경 쓰지 않고 벌집을 부수어 그 안에 있는 애벌레와 번데기를 잡아낸다. 벌매의 부리는 길쭉하고 끝이 짧은 갈고리 모양으로 되어 있는데, 이는 벌집에서 애벌레와 번데기를 잘 꺼내기 위해서라고 한다.

벌매가 벌침을 무서워하지 않는 이유는 '얼굴 주변에 비늘 모양으로 돋아난 깃털이 갑옷처럼 단단해서 벌침이 잘 찔리지 않기 때문에', '몸에서 벌이 싫어하는 냄새를 풍기기 때문에', '쏘여도 벌의 독이 효과가 없기 때문에'라는 등 여러 가지 설이 있는데 확실히 밝혀지지는 않았다.

벌을 잡을 수 없을 때는 뱀이나 개구리 등의 작은 동물을 먹기도 한다. 양봉장에서 꿀이 가득 찬 벌통을 핥아먹는 모습도 종종 관찰되어 사실 달콤한 먹이를 좋아할 것이라고 추측한다.

말벌의 벌집을 용감하게 습격

벌매는 벌집을 발견하면 갈고리
발톱으로 능숙하게 벌집을 잡고
그 속에서 한 마리씩 애벌레와 번
데기를 꺼내 잡아먹는다. 말벌은
벌매에게 습격당해도 반격하지
못하고 벌집도 놔둔 채 도망간다.

2

세상에서 가장 강한 새는 누구일까?

독수리와 매 등의 맹금류는 몸이 크고 힘이 강해서 날카로운 발톱과 부리로 먹이를 잡아먹는다. 그중에서 특히 막강한 힘을 가진 세계 3대 조류를 소개한다.

① 부채머리수리
Harpia harpyja

남아메리카에 서식하는 독수리로, 100kg이 넘는 엄청난 손아귀 힘을 이용해서 13cm나 되는 긴 발톱으로 먹이의 숨통을 끊어 놓는다. 소리 없이 날아가는 습성이 있으며 엄청난 속도로 나무들 사이를 날아다닌다. 주로 열대림 꼭대기에 사는 원숭이, 나무늘보, 대형 파충류 등을 사냥하고 강에 사는 어류도 잡아먹는다.

② 필리핀독수리
Pithecophaga jefferyi

세계에서 가장 큰 이 독수리는 이름처럼 필리핀에 서식한다. 양 날개를 펼치면 폭이 약 2m나 되며 기동력이 좋아서 원숭이나 살쾡이 등 날쌘 동물을 솜씨 좋게 잡아낸다. 주로 원숭이를 잡아먹는다고 해서 '원숭이독수리'라고도 한다.

③ 관뿔매
Stephanoaetus coronatus

'하늘을 날아다니는 표범'이라는 별명을 가진 관뿔매는 주로 원숭이를 먹이로 삼고, 맨드릴(Mandrillus sphinx) 같은 대형 원숭이도 잡아먹을 정도로 강하다. 또한 한 손으로 뼈를 잘게 부스러뜨릴 정도의 손아귀 힘을 가지고 있다.

제 **3** 장

바다의 동물

범고래(Orcinus orca)와 상어(Selachimorpha), 고래 등의 대형 동물과 바다 깊숙한 곳에 숨어있는 물고기들이 사냥하는 모습을 소개한다. 스피드와 힘 외에도 도구를 이용하는 다양한 사냥꾼들을 알아보자.

31 먹이를 향해 빠른 속도로 돌진하는

백상아리
Carcharodon carcharias

상어는 사나운 동물의 이미지가 강한데 그중에서도 특히 공격성이 강한 상어가 백상아리이다. 영화 〈죠스(Jaws)〉의 모델인 백상아리는 세계 각지의 해수욕장이나 바다에서 사람을 공격하기도 해서 '식인 상어'라고도 불린다. 그리고 뛰어난 적응력 덕분에 전 세계 곳곳에서 서식한다.

백상아리는 몸길이가 약 6m나 되며, 수영이 특기이다. 그리고 운동 능력이 뛰어나 몸 전체를 수면 위로 드러내고 점프한다. 또 후각이 발달해서 몇 km나 떨어진 위치에서 물속에 흘린 한 방울의 피 냄새만 맡고도 먹잇감을 쫓아간다고 한다.

주요 먹이는 바다사자(Otariinae), 물개(Callorhinus ursinus), 돌고래 등 해양 포유류이다. 대형 물고기나 상어를 먹기도 하지만 포만감이 큰 대형 포유류를 더 좋아하며 사냥할 때는 해수면 근처를 천천히 헤엄치면서 먹이를 찾는다. 상어는 동물의 자력을 감지하는 능력을 이용하여 사냥감을 찾는다. 그리고 목표물이 정해지면 그 거대한 몸을 뒤틀면서 사냥감을 향해 맹렬한 속도로 돌진한다. 이때의 속도는 시속 70㎞에 이르며 사냥감을 향해 돌진할 때는 기운이 넘쳐 수면 위로 몸이 드러나기도 한다. 때로는 3m 높이까지 점프하기도 한다.

큰 주둥이를 벌리고 먹이를 턱으로 잡은 뒤 가장자리가 들쭉날쭉한 면도칼 같은 이빨로 사냥감을 물어뜯는다. 그리고 일단 그 자리에서 물러나 먹이가 피를 많이 흘려서 죽기를 기다린 후에 식사한다. 백상아리의 이빨은 여러 번 빠져도 1년에 한 번씩 새로운 이빨이 나온다. 이런 이빨도 백상아리의 강한 무기 중 하나라고 할 수 있다.

숨어있다가 크게 점프!
백상아리는 평소에는 천천히 헤엄을 치고 숨어서 먹이를 기다리는 습성이 있다. 이런 식으로 체력을 유지하므로 그만큼 먹이를 습격할 때의 속도와 기세가 강하다.

먹이를 향해 빠른 속도로 돌진하는 **백상아리**

숨어있다가 크게 점프!
백상아리는 평소에는 천천히 헤엄을 치고 숨어서 먹이를 기다리는 습성이 있다. 이런 식으로 체력을 유지하므로 그만큼 먹이를 습격할 때의 속도와 기세가 강하다.

32 바위로 위장해 있다가 갑자기 사냥감을 가로채는

스톤피쉬
Synanceia verrucosa

얕은 바다에 서식하는 스톤피쉬는 물고기이면서 물고기답지 않은 특징이 많다. 바닥에 사는 저서어(底棲魚)이며 부레가 없기 때문에 수영에 서툴러서 이동할 때는 펄떡펄떡 뛰면서 몸을 움직인다. 약 50일에 한 번씩 허물을 벗고, 땅 위에서도 24시간 살 수 있는 특성이 있다.

스톤피쉬의 가장 큰 특징은 독을 가지고 있다는 점이다. 등지느러미와 뒷지느러미, 배지느러미에 독침이 있으며 그 독성은 어류들 중 가장 강하다. 바다 동물은 물론 사람도 찔리면 몇 시간 동안 심한 통증을 느끼게 되고 최악의 경우 죽음에 이를 수도 있다고 한다.

겉모습은 이름으로 알 수 있듯이 바위 혹은 산호처럼 생겼다. 온몸이 울퉁불퉁한 혹 모양의 돌기로 덮여 있고, 색깔과 모양이 바위나 산호와 구별할 수 없을 정도로 비슷하다. 이런 모습을 활용해서 산호초나 암굴 등 주변의 바위로 위장하여 적으로부터 몸을 지키며 먹이를 노린다.

숨어서 기다렸다가 먹이를 잡는 스톤피쉬는 이러한 특성 때문에 주로 작은 물고기나 갑각류를 먹는다. 바위 그림자에 몸을 숨긴 채 먹이가 근처를 지나가기를 기다렸다가 사정권 안에 들어오면 순식간에 잡아서 한입에 삼켜 버린다. 먹이를 잡아서 삼킬 때까지 걸리는 시간은 겨우 0.1초다. 이는 수영을 잘하지 못해서 평소에 거의 움직이지 않는 스톤피쉬를 생각하면 상상도 할 수 없는 속도다. 주변에 있던 물고기들은 무슨 일이 일어나는지 생각할 새도 없이 죽임을 당한다.

참고로 맹독을 가졌지만 독을 이용해서 사냥하지는 않는다. 적으로부터 몸을 보호할 때만 독을 사용한다. 배지느러미에 압력을 받지 않는 한 스톤피쉬가 독을 뿜는 일은 없다.

바위로 위장해서 먹이를 노린다

위장술의 천재 스톤피쉬는 바위로 위장해서 눈치 채지 않게 접근한 다음 갑자기 큰 입을 벌려 작은 물고기나 갑각류를 덥석 잡아먹는다.

모래 밑바닥에 숨어 있다가 갑자기 덮친다

바위틈에 숨어 있는 경우도 많지만 바다 밑 모래땅에 숨어서 근처를 지나가는 먹이를 노려보기도 한다. 몸을 흔들며 모래로 기어 들어가 입과 눈만 내밀고 먹이를 숨어서 기다린다. 물론 주변의 물고기들은 스톤피쉬가 숨어 있다는 사실도 모른 채 눈 깜짝할 사이에 먹이가 된다.

33 큰 입으로 작은 먹이를 바닷물과 함께 들이마시는

고래상어

Rhincodon typus

고래상어는 물고기 중 몸집이 가장 크다. 납작한 머리와 몸 전체의 반점 무늬가 특징인 고래상어는 그 길이가 보통 5~10m이며, 20m나 되는 상어도 있다고 한다. 몸무게는 15~20톤이나 되고 사나울 것 같지만 성격이 매우 온순해서 사람을 해치지 않는다. 또 수명이 길어 130년을 넘게 사는 개체도 있다.

고래상어는 몸집이 엄청나게 큰데 의외로 크릴 같은 플랑크톤과 정어리, 전갱이 등의 작은 물고기를 먹는다. 그리고 산호가 산란하는 시기가 되면 수면에 떠 있는 알을 먹거나, 식물이나 해조류를 먹기도 한다. 먹이의 크기는 작지만 식사량은 많아서 하루에 약 30kg을 먹는다. 식사하는 모습을 보면 생동감이 넘치는데 고래상어는 수면 근처에서 느리게 먹이를 찾아다니다가 플랑크톤이나 정어리 떼를 발견하면 천천히 다가가서 큰 입을 옆으로 길게 벌려 스포이드처럼 바닷물을 통째로 빨아들인다.

몸속으로 들어온 플랑크톤이나 작은 물고기는 아가미 안쪽에 있는 참빗 모양의 기관에서 걸러진다. 그리고 바닷물은 이 기관의 틈새로 빠져나와 아가미 뒤에 있는 아가미구멍이라는 배수구에서 몸 밖으로 배출된다. 본래 아가미는 호흡하기 위해 쓰이는데 고래상어의 아가미 중 하나는 식사용이다. 바닷물은 즉시 배출되기 때문에 마셔도 배가 부를 일이 없다.

고래상어는 해양 포유류 같은 몸집이 큰 먹이를 먹지는 않으며 전갱이나 고등어 떼를 먹을 때는 모두 통째로 먹는다. 그래서 이빨이 퇴화하여 성냥개비 정도의 크기밖에 되지 않는다. 약 8,000개가 넘는 작은 이빨이 있지만 이빨을 사용해서 식사하지는 않는다.

거름망을 사용해서 먹이만 삼킨다

바닷물과 함께 통째로 들이마신 먹이는 아가미판이라는 거름망 같은 기관에서 걸러진다. 그런 다음 불필요한 바닷물은 가슴지느러미 앞쪽에 5개의 아가미구멍으로 배출된다. 보통 아가미는 호흡하기 위해 사용되지만 고래상어는 물이 빠져나가는 배수구로도 사용한다.

작은 먹이를 단숨에 빨아 들인다

플랑크톤이나 작은 물고기 떼를 발견하면 천천히 다가가 큰 입을 벌리고 시원스럽게 들이마신다. 때로는 선헤엄을 치면서 수면 근처의 물고기를 먹기도 한다.

34 길고 뾰족한 부리로 먹이를 찌르거나 쳐서 죽이는

돛새치
Istiophorus platypterus

돛새치는 파초잎처럼 생긴 거대한 등지느러미와 칼처럼 길고 뾰족한 주둥이를 가진 거대한 바닷물고기이다. 몸길이는 3m까지 자라며 청새치류 중 연안에 가장 가까이 접근한다.

가슴지느러미가 발달해서 수영을 잘하는 돛새치는 바다 표면층을 최고 시속 110km의 속도로 헤엄쳐 다니며 주로 고등어, 정어리, 청어 등의 물고기와 오징어를 먹는다. 돛새치는 평소에는 혼자서 행동하는 것을 좋아하지만, 무리 지어 다니는 물고기를 먹이로 삼을 때가 많아 사냥할 때는 동료들과 힘을 합쳐 목표물로 정한 물고기 무리를 몰아넣는다. 큼직한 제1등지느러미를 접어 타고난 스피드로 물고기 무리에게 돌진한 뒤, 다시 등지느러미를 펼쳐서 재빨리 방향을 바꾼다. 갑자기 앞을 가로막는 적을 보고 물고기 무리가 놀라 혼란스러워하면 돛새치가 주둥이로 치거나 찔러서 잡아먹는다.

하지만 물고기도 위기를 느끼면 재빨리 도망치기 때문에 잡는 데 애를 먹기도 한다. 그럴 때 돛새치는 길고 뾰족한 주둥이로 물고기 떼를 휘저어서 일행을 놓친 한 마리를 따라가 잡는다.

돛새치는 강력한 무기를 2개나 가지고 있다. 재빨리 방향을 바꿀 때 브레이크가 되고 먹이 앞을 가로막는 역할도 하는 등지느러미와 물고기 떼를 휘젓고 찌르는 역할을 하는 주둥이다. 돛새치는 사냥할 때 몸 색깔도 바꾸는데 평소에는 등 부분이 남색, 배 부분이 흰색으로 눈에 띄지 않지만 사냥할 때 흥분하면 무지개색으로 변하고 등지느러미는 거무스름한 청색으로 빛난다. 몸 색깔을 바꾸어 눈속임을 함으로써 먹이를 유혹할 수 있기 때문이다.

**날카로운 부리를 무기로
목표물로 정한 먹이를 공격**

빠른 속도로 헤엄을 치면서 물고기 떼를
향해 굵고 단단한 뼈로 만들어진 주둥이
를 휘둘러 먹이를 찌르거나 쳐서 죽인다.

길고 뾰족한 부리로 먹이를 찌르거나 쳐서 죽이는 돛새치

35 입을 크게 벌려서 단숨에 사냥감을 물어버리는

늑대장어

Anarhichas orientalis

늑대장어는 차가운 물을 좋아해서 주로 홋카이도 오호츠크해 바다 밑바닥에 서식하며, 몸집은 길쭉한 통나무처럼 생겼고 몸길이는 평균 1m, 긴 것은 2m가 넘는다. 그리고 마른 몸에 비해 머리는 크고 피부는 쭈글쭈글하게 생겼다. 늑대장어라는 이름은 늑대처럼 생겼다고 해서 붙여졌다.

큰 입을 벌리면 송곳니처럼 생긴 날카로운 이빨이 보이는 것이 특징이며 겉모습은 괴이하고 무섭게 생겼지만 성격은 조심스럽고 겁이 많고 얌전하다. 드물게 사람에게 잡히면 사람을 물기도 하는데 이는 공격하는 것이 아니라 먹이로 착각하기 때문이다.

야행성이라서 낮에는 수심 50~100m 정도의 암벽에 몸을 숨기고 얼굴만 내밀고 가만히 있다가 해가 질 무렵이 되면 활동하기 시작한다. 먹이는 성게와 게 등의 갑각류, 가리비 등의 조개류를 비롯한 딱딱한 껍질을 가진 동물로 꼬리지느러미를 살랑살랑 휘저으며 느릿하게 헤엄치면서 먹이에게 다가가 입을 크게 벌리고 달려든다. 먹잇감이 다소 큰 게라고 해도 딱딱하고 날카로운 이빨과 강인한 턱의 힘으로 아주 쉽게 씹어서 으깨 버린다. 그렇게 통째로 삼킬 듯한 기세로 순식간에 먹어 치운다.

잡아먹는 모습을 보면 힘이 넘쳐 보이고 무서워 보이지만, 한편으로는 새끼를 끔찍이 사랑하는 부성애도 가지고 있다. 암컷이 산란하면 알을 자기 몸으로 감싸서 부화할 때까지 보호하며 신선한 바닷물이 알에 골고루 미치도록 정성껏 돌본다. 부화할 때까지 100일 정도가 걸리는데 그동안 줄곧 알을 지키며 살아간다. 그만큼 새끼에 대한 애정이 깊은 물고기이다.

물고기를 많이 잡게 해준다는 '신의 물고기'

아이누 사람들은 늑대장어를 '칩 카무이'라고 한다. 아이누어로 '칩'은 '물고기', '카무이'는 '신'을 뜻한다. 어부들 사이에서는 '늑대장어를 잡으면 그해 물고기가 많이 잡힌다'는 말이 있어 그물에 걸리면 제물의 의미로 술을 먹여서 바다로 돌려보냈다고 한다.

날카롭고 단단한 이빨로 딱딱한 먹이도 잘게 부순다

늑대장어는 무엇이든 씹어 먹을 수 있는 날카로운 앞니와 튼튼한 어금니를 가졌다. 성게, 게, 조개 같은 단단한 껍질을 가진 동물도 와삭와삭 씹어서 먹어 치운다.

36 머리의 촉수를 번뜩이며 먹이를 유인하는

초롱아귀
Himantolophus groenlandicus

초롱아귀는 납작한 몸과 표면에 돌기가 흩어져 있는 독특한 외형을 가지고 있다. 이마에 촉수가 튀어나와 있는데 이 촉수에서 발광성 박테리아가 기생하면서 빛을 낸다. 이것이 마치 초롱처럼 보인다고 하여 초롱아귀라 부른다. 이 촉수는 등지느러미의 일부가 변화된 것으로 사냥할 때 먹이를 유인하거나 짝짓기에 사용한다.

아귀는 숨어서 사냥하는 스타일로 자신이 모래흙이나 자갈처럼 보이는 모습을 활용해서 바다 밑으로 들어가 가만히 몸을 숨기고 먹이인 작은 물고기가 다가오기를 기다린다. 아귀는 헤엄을 잘 치지 못하기 때문에 숨어서 기다릴 수밖에 없기도 하지만 원래 해저에 먹잇감이 될 만한 동물이 항상 있지 않다. 그래서 먹이를 사냥할 때면 이마의 촉수를 이용한다. 어두운 곳에서 낚싯대 같은 긴 줄 끝에 달린 촉수를 살랑살랑 흔들어 먹이를 유인한다. 촉수의 발광기가 반짝이기 때문에 먹이인 작은 물고기는 돌기라는 걸 알아차리면서 경계심을 느끼지만 자신도 먹이를 구하는 입장이므로 잠시 호기심에 사로잡혀 접근하게 된다. 초롱아귀는 촉수를 조종하면서 작은 물고기를 자신의 입 언저리까지 유인한 다음 큰 입을 벌려 순식간에 잡아먹는다.

초롱아귀의 입 안에는 날카로운 이빨이 뒤로 기울어진 상태로 빽빽하게 늘어서 있다. 그러므로 먹이를 물면 자동으로 입 안쪽에 보낼 수 있다. 이 이빨이 있으면 비록 상대가 큰 먹이라도 놓치는 일은 없다.

자신은 움직이지 않고도 상대를 유인해서 순식간에 먹어 버리기 때문에 아귀는 사냥하는 데 체력을 거의 소모하지 않는다. 바다 중층 위로 떠올라서 고등어나 청어를 먹기도 하지만 기본적으로는 친환경적인 스타일로 사냥한다.

자신의 초롱을 낚싯대 대신 사용한다

먹이를 발견하면 자신의 초롱을 자랑스럽게 반짝이며 살랑살랑 흔든다. 그리고 그 빛과 움직임에 이끌려 다가온 작은 물고기와 플랑크톤을 순식간에 잡아먹는다.

초롱 빛의 근원은 공생하는 박테리아

초롱의 끝에 있는 팽창 부분(에스카)의 중심이 박테리아 배양실이며 이곳에서 '발광 박테리아'가 공생한다. 그리고 박테리아 배양실 위쪽에 있는 가느다란 개구부에서 발광 물질을 내뿜는다. 에스카에서 나오는 실 모양의 조직은 광섬유와 비슷한 구조이며, 발광 박테리아의 빛을 끝부분의 발광기에 전달해서 빛을 낸다.

37 입을 크게 벌려서 먹이를 삼키는

대왕쥐가오리
Mobula birostris

대왕쥐가오리는 가로 폭이 6m, 몸무게가 3톤이나 되는 거대한 가오리로 '만타(manta)'라고도 한다. 만타는 스페인어로 양탄자라는 뜻으로 몸에 양탄자처럼 넓은 가슴지느러미가 달려있어 붙여진 이름이다. 머리 옆에 있는 지느러미는 쥐가오리류가 가진 특유의 기관이다. 먹이를 먹을 때는 늘리고, 그 외에는 축 처져 있거나 둥글게 말기도 하면서 자유롭게 움직일 수 있다. 가끔 수면 위로 높이 뛰어오르기도 하지만 왜 그런 행동을 하는지는 명확하지 않다. 하지만 이렇게 수수께끼가 많은 점이 매력이기도 하다. 대왕쥐가오리는 큰 몸과 입을 가지고 있지만 의외로 크릴 같은 작은 동물성 플랑크톤을 먹는다. 평소에는 큰 가슴지느러미를 위아래로 움직이면서 느긋하게 헤엄치다가 플랑크톤 무리를 발견하면 즉시 맹렬한 속도로 돌진한다. 그리고 같은 장소에서 빙글빙글 공중제비를 돌거나 힘차게 헤엄치면서 바닷물과 함께 플랑크톤을 들이마신다. 바닷물과 플랑크톤을 효율적으로 흘려보내기 위해 머리지느러미를 이용한다. 지느러미를 열어서 균형을 잡기도 하고, 둥글게 말아서 물의 저항을 줄여 능숙하게 잡아먹는다. 참고로 고래상어의 식사법과 비슷하지만 고래상어는 대왕쥐가오리처럼 헤엄을 치면서 돌아다니지는 않는다.

어느 정도 먹이를 삼킨 뒤에는 몸의 아래쪽에 있는 아가미로 플랑크톤만 걸러내고, 바닷물은 아가미 구멍으로 내보낸다. 또 가끔은 수면 가까이에 있는 플랑크톤을 먹기 위해 얼굴을 내미는 모습도 보인다. 대왕쥐가오리가 먹다 남은 먹이는 주위에 따라다니던 빨판상어나 동갈방어가 먹는다. 얌전하며 공격적인 성격은 아니어서 다른 가오리들도 안심하고 식사를 할 수 있다.

큰 입을 벌리고 먹이를 한입에 삼킨다

다른 가오리류와 달리 대왕쥐가오리는 정면에서 입을 벌린다. 이는 플랑크톤이 쉽게 들어가서 걸러지도록 하기 위함이다.

입 양쪽에 있는 머리지느러미는 플랑크톤이 풍부한 물을 입 안으로 밀어 넣는 역할을 한다.

뒤로 공중제비를 돌면서 식사한다

대왕쥐가오리가 식사하는 모습은 마치 곡예를 하는 듯하다. 같은 장소에서 여러 차례 뒤로 공중제비를 돌면서 입을 크게 벌리고 바닷물과 플랑크톤 무리를 시원하게 들이마신다. 왜 공중제비를 하는지 이유는 확실히 알 수 없다. 다이버가 가까이 다가가 거품을 뿜으면 여기에 반응하여 빙글빙글 돌기도 한다.

플랑크톤

38 먹이의 냄새를 쫓아 잠자는 사이에 덮치는

알락곰치
Muraena pardalis

곰치는 날카로운 이빨과 큰 입을 가진 육식을 하는 대형 물고기로 육식을 한다. 그리고 곰치류는 성격이 거칠고 난폭한 흰입곰치(Gymnothorax meleagris), 시가테라독(ciguatoxin)을 무기로 사람을 공격하는 대왕곰치 (Gymnothorax javanicus)도 있다.

그중 눈여겨볼 만한 것이 알락곰치다. '알락'은 '얼룩'을 뜻하는데 몸 빛깔이 오렌지색 혹은 어두운 갈색 바탕에 노란색 또는 흰색 얼룩무늬가 들어 있어 이런 이름이 붙여졌다. 이는 바닷속에서 화려하게 보여 눈에 띈다. 그래서 알락곰치는 먹이가 자고 있을 때 덮치는 방법으로 사냥한다.

곰치는 야행성 동물로 알락곰치도 낮에는 바위틈이나 구멍 속에서 쉬다가 밤이 되면 행동을 개시해서 물고기, 게, 낙지 등을 찾는다. 곰치류는 후각이 뛰어난데 알락곰치는 눈 위에 뿔처럼 튀어나온 2개의 비공이라는 기관으로 냄새를 감지한다. 잠들어 있는 먹이의 냄새를 감지하면 눈치채지 못하게 살금살금 다가가서 날카로운 이빨로 물어뜯는다. 먹이가 큰 경우에는 자신의 몸을 회전시켜 먹이의 살점을 찢어버린다.

날카로운 이빨을 가진 입에도 특이한 점이 있다. 턱이 휘어져 있어서 완전히 닫히지 못하기 때문에 이빨이 항상 드러나 보인다. 이 이빨에 음식 찌꺼기가 보이면 '예쁜이줄무늬꼬마새우(Lysmata amboinensis)'라는 새우가 먹어서 깨끗하게 만들어 주기 때문에 청결한 상태가 유지된다. 그 때문인지 알락곰치는 육식동물이지만 예쁜이줄무늬꼬마새우를 먹는 일은 없다. 즉 상대가 먼저 해치려고 하지 않는다면 먼저 공격하지 않는 점잖은 성격이기도 하다.

목에 또 다른 턱이 있다

알락곰치의 턱은 휘어져 있어서 입을 제대로 닫을 수 없지만, 입안에서 먹이를 잘 먹을 수 있도록 이루어져 있다. 목구멍 안쪽에 '인두악'이라는 두 번째 턱이 있다. 바깥쪽 턱이 먹이를 붙잡으면 인두악이 앞으로 튀어나와 먹이를 씹으면서 안쪽 식도로 끌고 들어간다.

잠들어 있는 물고기를 덮친다

곰치류는 야행성으로, 알락곰치도 밤이 되어야 사냥을 하러 나온다. 사냥할 물고기가 잠들어 있는 곳에 살며시 다가가 먹이를 덥석 물어버린다.

39 먹이를 물가로 몰아넣고 기습 공격하는

범고래
Orcinus orca

바다에 사는 포유류인 범고래는 해양 생태계의 정점에 서 있다는 평가를 받는다. 즉 바다에 사는 수많은 동물 중에서 제일 강하다는 말이기도 하며 또한 살인 고래(killer whale)라고 불릴 정도로 사납고 무서운 존재다.

동물 분류상으로 범고래는 고래목으로 분류되어 있어 고래에 속하지만, 실제로는 거대한 고래도 잡아먹는다. 지구에서 가장 거대한 동물체인 흰수염고래(Balaenoptera musculus)도 범고래의 먹이다. 바다의 강자라고 하면 상어를 떠올리는 사람이 많겠지만 영화 〈죠스〉의 모델이 된 사나운 백상아리조차 범고래에게는 먹이에 불과하다.

범고래는 뛰어난 신체 능력을 지니고 있다. 몸길이가 6~9m나 되는 거대한 몸집에 최고 시속은 80km로 해양 포유류 중 가장 빠른 고래다. 하지만 이러한 신체 조건보다도 높은 지능이 바다에서 최강의 사냥꾼 자리에 범고래가 군림하는 이유이다.

동료와 함께 무리 지어 사냥할 때 범고래의 영리함이 더욱 발휘된다. 바다에 떠 있는 얼음 위의 바다표범(Phocidae)을 먹잇감으로 노릴 때는 얼음 한쪽에서 파도를 일으켜 바다표범을 다른 범고래가 기다리는 반대편으로 몰아넣는다. 이러한 연계 작전은 영리한 범고래만이 가능한 행동이다.

범고래가 하는 사냥 중에서 물가에 있는 동물을 덮치는 오르카 어택(orca attack)도 유명하다('오르카'란 범고래를 말한다). 물속에 몸을 숨긴 채 파도를 타고 해변으로 돌진해 바닷가에 있는 바다사자나 물개를 잡아서 바다로 돌아간다. 먹이 입장에서는 갑자기 범고래가 나타났기 때문에 도망가지 못한다. 이것이 바로 기습 공격 기법이다.

파도를 타고 해안의 먹이를 덮친다

파도를 타고 해안의 먹이를 덮치는 '오르카 어택'의 모습
이다. 육지에 올라갔다가 바다로 돌아오지 못할 위험도
있기 때문에 범고래 입장에서도 위험한 사냥법이다.

연계 작전으로 얼음 위의 먹이를 습격한다

범고래의 집단 사냥 기술 중 특이한
점은 물에 떠내려가는 얼음 위의 바
다표범을 사냥하는 것이다. 먼저 얼음
한쪽 편에서 범고래가 바다표범을 향
해 파도를 일으킨다. 그러면 파도 때
문에 놀란 바다표범이 반대쪽 바다로
달아나지만 그곳에는 이미 다른 범고
래가 기다리고 있다. 지능이 높은 범
고래만이 할 수 있는 사냥법이다.

40 바위틈에 숨어서 먹이를 기다리는

레오파드바다표범

Hydrurga leptonyx

바다에 서식하는 대부분의 포유류는 인간에게 해를 끼치지 않는다. 하지만 몸길이가 약 4m까지 자라는 레오파드바다표범은 인간을 습격해서 바다로 끌고 들어가기도 한다. 남극에 서식해서 사람을 덮치는 일이 거의 없지만 위험한 동물임은 틀림없다.

배설물 분석 결과, 예전에는 레오파드바다표범의 먹이가 대량의 크릴이라고 생각했는데 실제로는 크릴 외에 펭귄, 물개, 바다표범, 물고기, 오징어 등을 사냥하고 있었다.

레오파드바다표범이 사냥하는 법은 개체에 따라 다양하다. 바다 밑의 틈새에 숨은 물고기를 노리는 개체도 있고, 수면에 떠오른 바닷새를 노리고 바닷속에서 덤벼드는 개체도 있다. 레오파드바다표범이 사냥꾼으로서의 기술을 발휘할 때는 펭귄을 사냥할 때이다. 몸빛이 회색인 레오파드바다표범이 바위틈에 숨어서 펭귄을 기다리다가 아무것도 모르는 펭귄이 가까이 다가오면 그 순간 덮친다.

레오파드바다표범은 몸이 매끈한 유선형이라서 빠르게 헤엄칠 수 있기 때문에 물속에서 사냥하는 특기도 가지고 있다. 땅 위에서는 아장아장 걷는 펭귄도 물속에서는 시속 35km 속도로 날쌔게 헤엄치지만 이런 날쌘 펭귄조차도 레오파드표범의 표적이 되면 도망칠 수 없다. 레오파드바다표범은 잡은 먹이를 바로 그 자리에서 먹지 않고 숨겨 두기도 한다. 잡은 먹이를 해수면에서 해체한 다음 그것을 바다 밑바닥에 숨겨 두었다가 나중에 먹는다. 레오파드바다표범끼리 서로 먹이를 빼앗는 모습도 관찰되는 것으로 보아 먹이를 숨겨 두는 이유가 다른 동료에게 빼앗기지 않기 위함이 아닐까 생각한다.

펭귄이 쏜살같이 달아나도 잡는다

레오파드바다표범은 펭귄이 물속에서 쏜살같이 헤엄쳐도 잡을 수 있다. 펭귄이 얼음 위에서 바다로 뛰어드는 순간을 기다렸다가 덮치기도 한다.

93

바위틈에 숨어서 먹이를 기다리는 대왕쥐가오리

41 바위에 붙어있는 조개를 돌로 떼어내는

해달
Enhydra lutris

북태평양 근해에 서식하는 족제빗과의 포유류인 해달을 생각하면 물 위에 둥둥 떠 있는 모습이 떠오른다. 그도 그럴 것이 해달은 일생의 대부분을 해안에서 멀지 않은 얕은 바다에서 생활한다. 잠잘 때도 바닷물에 떠내려가지 않도록 미역 등의 해조류를 몸에 감은 상태로 바닷물에 떠서 자고, 육지에는 새끼를 낳거나 날씨가 나빠서 바다가 몹시 거칠어졌을 때 올라온다.

바다사자나 바다표범 등 차가운 북태평양 바다에서 사는 바다짐승은 두꺼운 피하 지방으로 체온을 유지한다. 하지만 해달은 피하 지방이 없어 피부 표면의 촘촘한 털에 체온을 의존하며 매일 체중의 20~25%나 되는 양의 식사를 하면서 에너지를 보충한다.

육식을 하는 해달의 먹이는 물고기, 오징어, 조개, 성게, 게 등이다. 해달은 자기 가슴 위에 조개를 올려놓고 돌로 톡톡 쳐서 껍질을 깨뜨리는 것으로 유명한데 사냥할 때도 돌을 사용한다.

전복이나 떡조개는 바위에 착 달라붙어 있어서 사람도 도구를 사용하지 않으면 떼어내지 못한다. 해달은 이때 돌을 사용한다. 먼저 바다 밑바닥까지 들어가서 적당한 크기의 돌을 줍는다. 그리고 이 돌을 이용해서 조개의 끝부분을 톡톡 쳐서 바위에서 떼어낸다.

해달이 좋아하고 자주 사용하는 돌이 있어서 그 돌만 사용한다는 설도 있지만 실제로는 매번 그때마다 발견한 돌을 사용하는 것 같다.

도구를 사용하는 동물은 몇 안 되는데 해달이 여기에 속한다. 돌 외에 주머니도 사용하는데 겨드랑이 밑의 헐렁한 피부가 주머니처럼 되어 있어 그곳에 잡은 먹이를 넣고 바다 위로 돌아간다.

**조개를 잡을 때도 돌을
능숙하게 사용한다**

식사할 때 돌을 사용해서 조
개를 깨는 것은 유명하다.
돌에 달라붙어 있는 조개
를 떼어 낼 때도 돌을 활용
한다.

식사를 하다가 몸을 회전하는 이유는 체온 유지 때문

해달이 해수면에 떠서 먹이를 먹다가
몸을 회전할 때가 있다. 이는 온몸이
물에 젖지만 털을 청결한 상태로 유지
하기 위해 하는 행동이다. 털이 더러
워지면 물을 쉽게 흡수하여 체온이 떨
어지고, 몸이 무거워져 떠 있을 수 없
다. 또한 회전할 때는 사용하는 돌을
떨어뜨리지 않도록 손으로 쥐고 있다.

42 물고기 떼를 거품 그물에 가둬서 잡는

혹등고래
Megaptera novaeangliae

고래는 물고기, 오징어, 크릴(새우와 비슷하게 생긴 갑각류) 등을 먹는데, 고래가 먹는 물고기와 크릴은 크기가 작기 때문에 거대한 몸집을 유지하려면 많이 먹어야 한다.

흰수염고래는 크릴 떼를 사냥할 때 입을 쫙 벌린 상태로 돌진한다. 엄청난 양의 크릴을 한 번에 빨아들인 뒤, 바닷물만 내뿜고 크릴은 뱃속에 집어넣는다. 거대 동물 특유의 역동적인 사냥법이지만 그중에서도 좀 더 특이하고 독자적인 사냥을 하는 고래는 바로 혹등고래다. 머리에 혹 모양의 돌기가 있고 암컷을 유혹하기 위해 노래를 부른다고 알려진 혹등고래는 사냥할 때도 특징이 있다.

사냥하는 혹등고래 무리는 목표물로 정한 물고기 무리의 주위를 원을 그리며 나선형으로 헤엄친다. 이때 분기공(콧구멍)에서 내는 거품 때문에 작은 물고기들은 거품 그물에 갇혀 도망칠 수 없다. 이때 혹등고래들은 먹이의 바로 밑에서 떠오르면서 입을 크게 벌리고는 수면 위로 몰려든 물고기를 단번에 삼켜 버린다.

거품 그물을 이용해서 작은 물고기들을 잡아먹기 때문에 이 사냥을 '버블 넷 피딩(Bubble net feeding, 거품망 먹이기)'이라고 부른다.

버블 넷 피딩을 성공시키려면 동료들과의 팀워크가 필수적이다. 타이밍을 맞추기 위해 리더 고래가 소리를 지르고, 거기에 맞춰 동료들이 일제히 행동한다. 동료끼리 협조해야 가능한 세련된 사냥법이라고 할 수 있다.

거품을 뿜으면서 나선을 그린다

먹잇감으로 정한 물고기들을 가운데
두고 혹등고래 무리는 나선형 거품
기둥을 만들면서 빙글빙글 돈다.
물고기들이 거품 그물에 갇히면 혹등
고래들은 입을 크게 벌리고 바로 돌
진한다.

43 초음파로 먹이의 위치를 정확히 파악하는

큰돌고래
Tursiops truncatus

　　돌고래 중에서 가장 널리 알려진 종류이며 '태평양돌고래'라고도 하는 큰돌고래는 지능이 높아 소리를 이용해서 의사소통을 한다. 상처를 입었거나 약한 동료를 구출하는 등 강한 동료 의식이 있다고 한다.

　　그 밖에 에코로케이션(echolocation) 능력도 있다. 이것은 '반향 정위'라는 뜻인데 소리나 초음파를 내면 그것이 반사되어 돌아오는 반향음으로 주변 상황을 파악하는 방법이다.

　　큰돌고래는 클릭음이라는 고주파음을 1초에 1,000번이나 낸다. 클릭음은 몸속의 기도에서 나와 머리 앞부분의 지방 조직 덩어리인 멜론(melon)부라는 기관에서 증폭된 후 몸 밖으로 내보낸다. 반사되어 돌아온 반향에 따라 클릭음이 부딪친 대상의 위치와 크기, 형상 등을 큰돌고래가 파악하는 방법이다. 큰돌고래는 이 클릭음을 먹이를 추적하는 데 사용한다. 먹이의 종류, 자신과의 거리, 어느 정도의 속도로 움직이고 있는지 등을 파악해서 먹이를 정확하게 쫓아간다. 실험을 통해 돌고래는 먹이가 숭어인지 청어인지 식별할 수 있다는 사실이 확인되었다.

　　큰돌고래의 높은 지능도 사냥하는 데 강력한 무기가 된다. 팀워크를 살려 물고기 떼를 에워싼 뒤 얕은 여울까지 내몰아서 물고기가 해변에 올라가면 잡는다. 어선을 따라가다가 어부가 남긴 음식을 얻기도 한다. 브라질에서는 큰돌고래가 어부들의 그물에 물고기 떼를 몰아넣고 큰돌고래 자신은 무리에서 뒤처진 물고기를 잡는 상황이 있었다. 이런 행동이 가능한 것도 큰돌고래가 영리하기 때문이다.

먹이감으로 정한 물고기는
철저히 몰아넣는다

팀워크를 살려 먹이를 몰아넣
으면 도망갈 곳을 잃은 물고기
가 해변으로 올라가기도 한다.
꼼짝할 수 없게 된 물고기는
자연스럽게 큰돌고래의 먹이
가 된다.

44 위장을 몸 밖으로 꺼내서 먹이를 소화시키는

박쥐불가사리

Patiria miniata

별 모양의 극피동물인 불가사리는 조개, 게, 죽은 물고기 등을 먹는 육식 동물이다. 별 모양 중 뾰족한 부분이 불가사리의 팔이고, 그 팔 아래에는 관족이라는 작은 발이 늘어서 있다. 이 관족을 사용해서 천천히 바다 밑바닥을 이동하면서 먹이를 찾는다.

불가사리는 가시에 강한 독이 들어 있는 악마불가사리(Acanthaster planci), 약 30개의 팔을 가진 문어다리불가사리(Plazaster borealis) 등이 있다. 그중 북아메리카 대륙의 태평양 연안에 서식하는 것이 박쥐불가사리이다. 박쥐불가사리는 일본에도 서식하는 별불가사리(Patiria pectinifera)의 일종으로 얕은 여울의 바위틈에 살고 있다. 성게, 게, 죽은 물고기와 같은 먹이를 발견하면 위에서부터 덮친다. 불가사리가 먹이를 먹는 방법은 먹이를 입을 통해 뱃속으로 집어넣는 일반적인 방법과 위를 몸 밖으로 꺼내서 먹이를 먹는 방법이 있다. 박쥐불가사리는 후자의 방식으로 먹이를 잡아먹는다.

먼저, 박쥐불가사리는 팔을 사용해서 먹이를 에워싼다. 그리고 몸의 중심에 있는 입을 통해 위를 끄집어낸다. 그리고 뒤집힌 상태로 나와 있는 위장으로 먹이를 감싸면 위벽이 먹이에 달라붙게 되며 위장에서 소화액이 나오기 때문에 먹이가 소화된다. 위를 몸 밖으로 꺼내서 먹으면 입에 들어가지 않는 크기의 먹이도 먹을 수 있고 바위 틈새나 모래 속에 숨어있는 것도 먹을 수 있는 장점이 있다. 다른 동물들처럼 먹은 다음 몸속에서 먹이를 소화해서 녹이는 것이 아니라 몸 밖에서 먹이를 소화시켜서 흡수하는 독특한 식사 방법이 박쥐불가사리의 특징이다. 조개를 먹을 때는 조개껍데기의 좁은 틈으로 위장을 집어넣어 잡아먹는다.

바다 밑바닥에서 천천히 움직이며 먹이를 찾는다

불가사리는 5개의 팔에 수백 개의 관족이 달려있어 천천히 미끄러지듯 이동한다. 사냥감을 발견하면 위에서부터 푹 뒤집어씌운다.

신비한 불가사리의 신체

불가사리는 배의 중앙에 입이 있고 등의 중앙에는 항문이 있다. 몸속에는 위와 생식기 등이 있고 소화관은 팔 안으로 들어가 있다. 평소에는 몸속에 있는 위장을 밖으로 끄집어내 먹이를 몸 밖에서 소화하여 흡수하기도 한다. 이런 경우 꽤 큰 먹이도 먹을 수 있으며 1주일에 걸쳐 소화하기도 한다.

위장

45 시속 80km의 펀치로 단단한 조개껍데기를 부수는

공작갯가재
Odontodactylus scyllarus

게나 새우처럼 단단한 외골격을 가진 갯가재는 갑각류 중 최강이라 할 수 있다. 그렇다면 집게발이 없는 갯가재가 어째서 최강인 걸까? 그 이유는 바로 펀치 때문이다. 그리고 갯가재의 일종인 공작갯가재는 빠른 속도로 초강력 펀치를 쏟아내는 '바다의 권투 선수'로 유명하다.

앞다리 중 가장 큰 것을 '포획다리(raptorial leg)'라고 하는데, 공작갯가재는 공격할 때 이 포획다리를 내리친다. 그렇게 조개나 새우의 딱딱한 껍질도 깨뜨려서 알맹이를 꺼내 먹을 수 있다.

물의 저항을 받는 물속에서도 공격력이 막강하여 수조의 유리도 깨뜨릴 수 있으며 펀치의 충격으로 거품도 발생한다. 거품은 총알처럼 빠른 핵 펀치를 날려서 수압의 변화가 발생하여 바닷물 속에 진공의 기포가 생긴 것이다.

이때 펀치는 70~80kg의 벤치 프레스를 들어 올릴 정도로 강하다. 개체에 따라서는 150kg의 벤치 프레스를 들어 올릴 정도로 엄청난 펀치를 날리는 공작갯가재도 있다.

앞에서는 '펀치'라고 표현했지만 실제로 공작갯가재가 부딪치는 것은 포획다리의 팔꿈치 부분이기 때문에 '팔꿈치 치기'라고 표현하는 것이 정확하다. 이 팔꿈치 부분이 상당히 단단해서 강펀치를 날려도 공작갯가재의 팔꿈치는 전혀 다치지 않고 멀쩡한 채로 조개껍데기를 부술 수 있다.

공작갯가재는 강력한 펀치뿐만 아니라 시력도 뛰어나다. 다양한 색깔을 식별할 수 있어서 다른 동물에게는 보이지 않는 '원편광'이라는 빛도 구별할 수 있다. 이렇게 뛰어난 시력 덕분에 공작갯가재가 먹이를 쉽게 찾는다고 생각하는 연구자도 있다.

앞다리로 조개껍데기를 깨뜨린다

공작갯가재는 조개, 새우, 게 등의 단단한 껍질을 가진 먹이들을 포획다리로 내리쳐서 껍질을 쉽게 깨뜨린다.

펀치 날리기가 아니라 팔꿈치 치기

갯가재의 맨 앞다리에 해당하는 '포획다리'는 먹이를 잡기 위한 것이다. 포획다리의 가시로 먹이를 찌르는 갯가재와 포획다리로 먹이를 내리치는 갯가재가 있는데 공작갯가재는 후자다. 포획다리가 굵고 팔꿈치 부분이 상당히 단단해서 내리치는 힘이 강력하여 조개껍데기도 쉽게 깨뜨릴 수 있을 정도다.

포획다리

46 맹독으로 먹이를 마비시키는

파란고리문어
Hapalochlaena lunulata

파란고리문어는 문어 중에서도 상당히 위험하다고 알려져 있는데 몸 전체 길이가 10cm 정도로 작고 성격이 온순한 편이지만, 테트로도톡신이라는 독을 가지고 있기 때문이다.

테트로도톡신은 복어 등이 가진 치명적인 맹독으로 청산가리(사이안화칼슘)의 500~1,000배나 되는 독성이 있다. 이 맹독은 근육을 마비시키거나 어지러움, 언어 장애, 구토, 호흡 곤란, 전신 마비 등의 증상을 일으킨다. 해외에서는 파란고리문어의 맹독으로 사람이 사망한 사례도 있다.

파란고리문어의 침샘과 몸의 표면에 있는 독은 몸을 보호하는 강력한 무기가 될 뿐만 아니라 사냥할 때 먹이를 마비시킬 수도 있다. 예를 들어 바닷물 속에 독이 든 침을 뱉어서 그 침을 삼킨 게가 마비되면 그 순간 잡아먹는다.

파란고리문어는 남태평양 따뜻한 바다에 서식한다. 주로 일본 남부에서 호주 남부에 걸친 아열대성 해역에 분포되어 있다. 그런데 온난화의 영향으로 바닷물 온도가 높아지면서 분포 지역이 북상해서 일본 가나가와(神奈川) 현과 오사카 등 여러 장소의 바다에서 목격되기도 한다. 파란고리문어는 원래 성격이 온순한 편이라서 먼저 인간을 공격하지는 않는다. 하지만 자극을 받아 흥분하면 공격적으로 변하기 때문에 상당히 위험한 존재다. 흥분하면 몸의 표면에 선명한 파란색 고리 모양을 선명하게 드러내 독이 있다는 경고를 하면서 위협한다. 이런 상태로 변한 파란고리문어에게는 절대로 가까이 가면 안 된다. 또한 파란고리문어 이외에도 파란선문어도 테트로도톡신을 가지고 있으므로 주의가 필요하다.

맹독으로 먹이를 잡는다

파란고리문어는 맹독을 이용해서 사냥한다. 물속에서 독을 뿜어 먹이를 둔하게 만든 다음 잡는다.

파란고리문어에게 물렸을 때는?

파란고리문어는 손 위를 기어 다니며 물어뜯기 때문에 절대 맨손으로 만지면 안 된다. 물렸을 경우 상처를 손가락으로 집어서 독을 밖으로 빼내고(입으로 빼내는 행위는 위험), 상처 난 부위와 심장 사이를 압박해서 독이 전신으로 퍼지지 않도록 한다. 그리고 안정을 취한 다음 병원에 가야 한다.

깊은 바다에 사는 무시무시한 사냥꾼

차갑고 어두운 심해에도 강하고 무서운 동물들이 존재한다. 특히 무시무시한 악마의 모습을 한 깊은 바다의 사냥꾼들을 소개한다.

① 바이퍼피시 Viperfish / Chauliodus sloani

깊은 바다의 무법자라고도 불리는 바이퍼피시는 날카롭고 긴 송곳니가 늘어선 입을 크게 벌려 작은 물고기 같은 먹이를 사냥한다. 전 세계의 열대부터 온대 지역에 걸쳐 서식한다.

② 주름상어 Chlamydoselachus anguineus

상어의 일종이며 원시적인 상어로 '살아 있는 화석'이라고도 한다. 길이가 2m나 되며 큰 머리와 300개나 되는 날카로운 이빨이 특징이다. 몸을 뱀처럼 꿈틀거리며 큰 먹이를 잡아먹는다.

③ 블랙스왈로 Black swallower / Chiasmodon niger

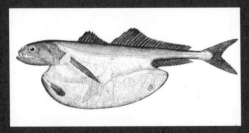

약 3,000m나 되는 깊은 바다에 서식하며 위장이 아래쪽으로 많이 튀어나온 것이 특징이다. 위가 10배 이상 늘어나므로 자신보다 훨씬 큰 먹이를 통째 삼키기도 하며 위에 들어 있는 먹이의 모습이 그대로 보여 섬뜩한 느낌을 준다. 먹이를 억지로 집어넣어 위가 찢어져서 죽는 경우도 있다고 한다.

제4장

강의 동물

강에는 어류 외에도 악어를 비롯한 파충류와 물고기를 먹는 포유류, 곤충 등 다양한 동물이 살고 있다. 강한 공격력부터 특이한 무기를 가진 동물까지 다양하게 사냥하는 모습을 살펴보자.

47 먹이를 무는 힘은 지구 최강!

나일악어
Crocodylus niloticus

나일악어는 사람을 습격하는 경우가 많아 상당히 위험한 육식 동물이다. 이름처럼 나일강 등의 하천이나 호수 같은 민물, 그리고 민물과 바닷물이 섞이는 하구에 서식한다. 물가 생활에 적응한 반물살이 파충류로 대형 개체는 약 1시간이나 잠수할 수 있다. 코와 눈이 머리 위 높은 위치에 달려 있어 몸을 거의 수면 아래로 가라앉힌 상태에서도 시야와 호흡에는 전혀 문제가 없다. 잠수하는 능력이 있지만 완전히 물에 가라앉지 않아도 먹이에게 들킬 가능성이 적다.

나일악어는 이런 신체적 특성을 이용하여 물속에 숨어서 먹이가 물을 마시러 오기를 기다린다. 하지만 먹이가 물가에 다가온다고 해서 바로 덮치지는 않는다. 먹이가 여러 마리라면 물가에 있는 먹이들을 가만히 관찰하다가 조심성이 없는 개체, 움직임이 둔한 개체를 골라 상대가 조금이라도 더 자신에게 다가오기를 기다렸다가 갑자기 먹이를 덮친다. 나일악어는 엄청 빠른 속도로 먹이를 덮치므로 먹이가 도망갈 시간이 없다.

나일악어는 무는 힘이 2톤을 넘는 강력한 턱을 가지고 있어 힘은 지구 최강으로 꼽힌다. 살점을 물어뜯고 동물의 뼈도 씹어 으깨며 날카로운 이빨이 부러지더라도 시간이 지나면 다시 자라기 때문에 문제없다. 악어는 평생 이빨이 여러 번 나는 동물이다.

나일악어의 막강한 힘에 걸려들면 체중이 많이 나가는 대형 동물도 물속으로 끌려 들어간다. 대형 포유류도 나일악어에게 걸려들면 순식간에 물속으로 끌려 들어가 질식해서 먹이가 된다.

포유류, 새, 물고기를 사냥한다

물을 마시러 온 가젤을 덮치는 모습이다. 이런 포유류 외에도 새나 물고기가 나일악어의 먹이가 된다. 대형 먹이를 사냥할 때는 무리끼리 힘을 합쳐 먹이의 숨통을 끊기도 한다.

상대의 살점을 찢는 악어의 데스롤

일반적으로 악어는 먹이가 크면 '데스롤(death roll)'이라는 필살기를 사용한다('악어 트위스트'라고도 한다). 상대를 물어뜯은 상태에서 몸을 강하게 회전시키는데 이때의 힘이 엄청나서 상대방의 살이 찢겨 나간다. 데스롤은 먹이를 사냥할 때뿐만 아니라 악어끼리의 싸움에도 사용된다.

48 지렁이 같은 혀로 먹이를 유인하는

악어거북

Macrochelys temminckii

악어거북은 북아메리카 남부에 서식하며 등딱지의 길이가 80cm, 체중이 100kg을 넘는 대형 악어거북도 있다. 등딱지에는 날카롭고 뾰족한 돌기가 많이 돋아나 있어 마치 괴물처럼 보인다. 악어거북은 씹는 힘이 엄청나지만 이빨이 없고 갈고리 모양의 뾰족한 주둥이로 먹이를 물어뜯는다. 강한 턱의 힘과 날카로운 주둥이로 딱딱한 것도 와작와작 깨물어 으깨 버리는 것이다.

강력한 턱힘으로 사냥감을 잡아먹는 악어거북은 사냥 방식이 아주 독특하다. 혀 위에 작은 지렁이처럼 생긴 돌기가 있는데 혈액이 모이면 핑크색으로 변하고 혀 근육이 꿈틀꿈틀 움직여서 진짜 지렁이처럼 보인다. 분홍색 돌기가 멀리서도 보여 지렁이로 착각하고 다가오는 물고기를 유인할 수 있다.

이와 비슷한 동물로는 머리에 붙어있는 돌기를 낚시의 가짜 미끼처럼 이용해서 사냥감을 기다리는 초롱아귀가 있다. 그런데 초롱아귀는 사냥감이 다가오면 입을 벌려 바닷물과 함께 먹이를 빨아들여야 하지만 악어거북은 가짜 미끼를 이미 입속에 가지고 있으므로 먹이가 다가오면 그냥 입을 다물어 버리면 된다. 아귀보다는 악어거북의 사냥 방법이 훨씬 효율적이다.

원래 악어거북은 아메리카 대륙에 서식하지만, 일본의 연못이나 강에서도 목격되고 있다. 애완동물로 키우던 악어거북이 도망가거나 버려지면서 발견되는 것이다. 앞에서 말했듯 악어거북에게 물리면 상처를 입으니 불필요하게 다가가지 말아야 한다.

악어거북의 혀에는 '가짜 미끼'가 있다

지렁이처럼 보이는 혀의 돌기를 흔들어 물고기 등을 유인한다. 작은 먹이는 그대로 삼키고, 큰 먹이는 부리와 앞발의 발톱으로 찢어서 먹는다.

지렁이 같은 혀로 먹이를 유인하는 **악어거북**

다른 거북을 등딱지까지 통째로 씹어 으깬다

악어거북의 씹는 힘을 수치로 나타내면 300∼500kg이다. 이렇게 단단한 악어거북의 주둥이는 가위처럼 예리하게 먹이를 찢어버린다. 다른 거북의 등딱지를 씹어 먹은 사례도 있다. 하물며 인간의 손가락이라면 몇 개를 한꺼번에 쉽게 물어 뜯어버릴 것이다.

49 수염과 팔꿈치 털로 먹이를 알아채는

자이언트수달
Pteronura brasiliensis

수달은 남극 대륙, 호주, 뉴질랜드를 제외한 전 세계 다양한 곳에 분포하고 있으며 몸길이가 86~140cm로 가장 큰 자이언트수달은 남미의 아마존 등에서 서식한다. 그리고 가족을 이루는 등 다른 족제빗과와 달리 사회성이 뛰어나다.

자이언트수달은 육식동물이며 주로 물고기와 게 등을 먹는다. 그리고 강둑의 굴에 살면서 물속에서 먹이를 잡는데 뛰어난 시력과 긴 수염을 이용해서 사냥한다. 자이언트수달을 포함한 수달의 수염은 물속에서 센서 역할을 한다. 수영할 때 수염으로 물살을 파악하고, 먹잇감이 일으키는 진동도 예리하게 포착한다. 수달은 팔꿈치에 촉모라는 긴 털이 나 있는데 이 역시 얼굴의 수염과 마찬가지로 물속에서 센서 역할을 하면서 먹잇감을 감지한다.

자이언트수달은 주로 물고기와 게를 먹지만 그 이외의 동물도 먹는데 아마존 정글의 늪지대에 사는 악어를 가족과 힘을 합쳐 잡아먹을 때도 있다.

아마존 정글의 강자라고 하면 재규어를 떠올릴지도 모르지만, 재규어와 자이언트수달은 실력이 비슷한 적수 관계라고 할 수 있다. 자이언트수달이 재규어를 쫓을 때도 있고, 반대로 재규어가 자이언트수달을 죽이는 경우도 있다. 물속에서는 자이언트수달이 재규어보다 훨씬 빠르므로 재규어에게 지지는 않을 것이다. 이처럼 '강의 늑대'라고도 불리는 자이언트수달은 강자들로 북적대는 아마존강 생태계에서 정상의 위치에 서 있다.

**강물이 흐려도 물고기의
위치를 파악할 수 있다**

아마존강의 피라냐도 자이
언트수달의 사냥감이다. 강
물이 흐려도 수염의 센서를
이용해 피라냐의 위치를 정
확히 파악해서 잡아먹는다.

사냥감을 짓눌러 게걸스럽게 먹는다

자이언트수달의 무기 중 하나는 날카
로운 발톱이다. 미끄러지기 쉬운 물고
기도 앞발톱을 이용하면 확실하게 잡
을 수 있다. 수달은 먹이를 입으로 잡
는 유형과 손으로 잡는 유형으로 나뉘
는데 자이언트수달은 입으로 잡는다.
잡은 먹이는 앞발로 붙잡고 머리부터
먹어 치운다.

50 주둥이로 먹이가 내는 약한 전류를 감지하는

오리너구리
Ornithorhynchus anatinus

오리 너구리는 '지구에서 가장 이상한 동물'이라고 할 정도로 아주 특이한 동물이다. 왜냐하면 포유류이면서도 알을 낳고 새끼가 깨어나면 젖을 먹여 기르기 때문이다.

물갈퀴가 달린 발에, 집오리나 오리의 주둥이, 비버 같은 큰 꼬리를 가진 오리너구리는 마치 여러 가지 동물들을 합쳐 놓은 듯한 특이한 모습을 하고 있다. 예전에 연구자들은 오리너구리의 표본을 처음 봤을 때 혹시 가짜가 아닐까 의심하기도 하고 실제로 존재하지 않을 것이라 믿었다고 한다.

오리너구리는 호주의 강이나 호수에 서식하며 물가에 터널을 파서 굴을 만든다. 밤부터 새벽에 걸쳐 활동하기 시작하는데 앞발로 물을 저으면서 뒷발 같은 꼬리를 흔들며 헤엄을 친다. 사냥할 때는 물속으로 잠수해서 강바닥에 있는 곤충이나 새우, 가재, 조개, 지렁이 등을 부리로 건져 올린다. 먹는 방법도 독특해서 수면으로 올라가 주둥이를 물에 넣은 채 조금 씹어서 삼킨다. 그래서 오리너구리는 오랫동안 수수께끼 같은 동물로 주목 받았다. 그러던 중 1986년에 드디어 사냥의 비밀이 밝혀졌다. 연구자가 실수로 오리너구리의 수조에 떨어뜨린 건전지에 이상하게 관심을 보이며 쪼는 모습을 보고 오리너구리의 주둥이에 전기를 감지하는 기관이 있다는 것을 알게 되었다. 이 기관으로 오리너구리는 사냥감인 새우나 곤충의 유충에 흐르는 생체 전류를 감지하여 위치를 찾는다. 이 전기 수용기는 수십 센티미터 떨어져 있어도 미약한 전기를 감지할 정도로 고성능이다. 생김새도 생태도 다른 동물과 전혀 다른 특징을 가진 오리너구리는 사냥 방법도 독특하고 기묘한 동물이다.

흐린 물속에서 사냥감의 위치를 파악한다

주둥이에 고성능의 전기 센서 기관이 있어 동물의 몸속에 흐르는 약한 생체 전류를 감지한다. 그래서 어두운 물속에서도 먹이의 위치를 정확히 파악할 수 있다.

수컷의 뒷발 뒤꿈치에만 독침이 있다

오리너구리는 포유류 중 드물게 독성 물질을 지니고 있다. 수컷 오리너구리는 뒷발 뒤꿈치의 작은 며느리발톱과 연결된 독샘을 통해 독을 분비한다. 번식기에 암컷을 서로 차지하려고 할 때 사용하는 무기다. 독침 한 번으로 강아지만한 크기의 동물을 죽일 수 있다.

51 물총을 쏘아 먹이를 수면에 떨어뜨리는

물총고기

Toxotes jaculatrix

물총고기는 스리랑카, 인도, 동남아시아, 호주 북부에 서식하는 물고기로 맹그로브 숲의 하구에서 활동한다. 이름이 물총고기이지만 영어 이름은 아처 피시(archer fish. 활쏘는 물고기)로 두 이름의 유래 모두 '멀리서 적을 공격하는 무기'라는 뜻이 담겨 있다. 실제로 물총고기는 물총을 능숙하게 사용할 줄 안다.

물총고기가 사용하는 무기는 입을 통해 물총처럼 쏘는 물이다. 성장한 물총고기는 이 물총으로 1.5m 떨어져 있어도 명중시킬 수 있다. 보통 물고기와 달리 물총고기는 물속에 있는 먹이가 아니라 물 밖에 있는 곤충을 잡아먹고 산다. 나뭇가지나 잎에 앉아 있는 곤충을 겨냥해서 물줄기를 발사한 뒤 먹이가 물줄기에 맞아서 수면에 떨어지면 발버둥 치는 먹이를 잡아먹는다.

물총고기는 사냥감을 발견하면 일정량의 물을 흡입한 뒤 입에서 물을 힘차게 발사한다. 물총고기의 입천장에는 빨대 역할을 하는 홈이 있는데 이 홈이 물총고기가 물총을 강력하고 정확하게 쏠 수 있도록 해준다. 입천장의 홈은 입 안쪽에서는 폭이 넓고 출구에 가까울수록 좁아진다. 즉 물이 가늘고 힘차게 분사되는 구조이다. 그러나 목표물의 정확도는 1발을 정확하게 맞히는 타입의 저격수는 아니다. 목표물의 거의 바로 밑에까지 이동해서 여러 발의 물총을 마구 쏘아대는 타입이다. 여러 발의 물총을 쏘다 보면 목표물이 조절되면서 먹이를 맞추게 되는 것이다.

물총고기가 사냥할 때 항상 물총을 사용하는 것은 아니다. 사냥감과 자신의 거리가 몇 센티미터 정도밖에 안 될 때는 수면에서 점프해서 직접 입으로 사냥감을 잡기도 한다.

물총으로 먹이를 쏘아 수면에 떨어뜨린다

입천장의 홈을 혀로 눌러서 가늘고 긴 관을 만들어 여기서 물을 뿜어내 발사한다. 물 밖에 있는 벌레를 물총으로 수면에 떨어뜨려 잡아먹는 것이다.

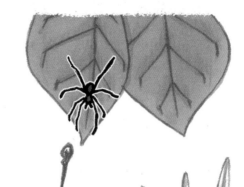

시력이 뛰어나고 분별 능력도 있다

정확하게 사격을 하려면 시력이 좋아야 한다. 연구 결과 물총고기는 뛰어난 시력과 지능을 가진 것으로 확인되었다. 옥스퍼드대학 연구에서 물총고기는 사람의 얼굴을 분별하고 낯익은 얼굴을 겨냥해서 물총을 발사할 수 있다는 사실을 알게 되었다.

52 피 냄새를 맡고 사나워진다!
무리 지어 사냥하는

피라냐
Serrasalmus natteri

피라냐는 아마존강에 사는 사나운 물고기로 유명하다. 하지만 피라냐가 위험한 물고기라 해도 하지만 강에 들어갔는데 옆에 피라냐가 한 마리뿐이라면 너무 걱정할 필요 없다. 피라냐를 두려워해야 할 때는 무리 지어 행동할 때다.

사실 피라냐는 겁이 많은 물고기이다. 겁이 많아서 무리 지어 행동하는 것이다. 피라냐가 무리를 이루면 자신들보다 더 큰 동물들도 사냥감으로 삼는다.

피라냐는 흥분 상태에 있을 때 가장 위험하다. 피라냐를 흥분시키는 것은 피인데 무리의 처음 한 마리가 먹이를 물어뜯어 피가 흐르면 나머지 피라냐들은 광란의 상태가 되어 격렬하게 먹이를 덮치기 시작한다. 피라냐보다 훨씬 큰 45kg의 카피바라(capybara)라는 사냥감을 무리 지어 달려들어 1분도 되기 전에 뼈만 남기고 먹어 치운 적도 있다.

피라냐는 피에 민감한데, 이것은 물속에서 약간의 피 냄새만 맡아도 순식간에 몰려든다는 사실로 알 수 있다. 콧구멍에 들어온 물은 후각 섬유로 이루어진 기관에 부딪힌 후 흘러나간다. 그곳에 정밀한 감각 세포가 있어서 물속에 녹아든 피 냄새를 놓치지 않는 것이다. 피라냐는 피 냄새뿐만 아니라 동물의 몸 냄새에도 반응한다.

머리 쪽 피부가 두꺼운 이유는 먹이에게 달려들 때 머리부터 격렬하게 부딪치기 때문에 그 충격으로부터 머리를 보호하기 위해서다.

피라냐라는 이름을 가진 물고기는 몇 종류가 있는데 그중 가장 흔한 것이 피라냐 나테리(Pygocentrus nattereri)이다. 국외에서는 애완용으로 기르는 경우가 많은데 수조에 손을 넣을 때 주의해야 한다.

**혼자서 행동하지 않고
집단으로 먹이를 덮친다**

피라냐는 겁이 많아 단독으
로 행동하지 않고 집단으로
행동하며 단체로 먹잇감을
습격한다.

아래턱에 날카로운 이빨이 늘어서 있다

피라냐라는 이름의 뜻은 '이빨이 있는
물고기'이다. 톱날처럼 날카로운 삼각
형의 이빨이 피라냐에게 가장 큰 무기
다. 아래턱이 툭 튀어나온 모습의 피
라냐는 아래턱 쪽에 뾰족한 이빨이 늘
어서 있다. 턱근육도 강력해서 한 번
만 물어도 약 20g의 살점을 찢어버릴
수 있다.

53 전기 충격으로 사냥감을 잡는

전기뱀장어

Electrophorus electricus

아마존강 등의 남미 담수에서 서식하는 전기뱀장어는 이름으로 알 수 있듯이 전기를 일으키는 능력을 지니고 있다. 뱀장어라는 이름이 들어 있지만 분류학상으로 뱀장어와는 전혀 다른 종류다.

아마존 어부는 피라냐보다 전기뱀장어가 훨씬 무섭다고 한다. 피라냐가 사람을 습격하는 일은 거의 없지만 전기뱀장어는 무심코 밟기라도 하면 강력한 전기 충격을 일으킨다. 말이 전기뱀장어를 밟았다가 전기 충격으로 물에 빠져 죽은 사례가 있을 정도로 전기뱀장어는 상당히 위험한 존재이다.

전기뱀장어는 전기를 어떻게 만들어내는 걸까. 전기뱀장어의 몸길이는 1~1.5m이며 얼굴 바로 아래에 항문이 있고 몸의 앞쪽 20%에 모든 내장이 들어 있다. 나머지 80%는 꼬리인데 이 꼬리의 근육을 이용해서 전기를 만들어낸다. 말하자면 몸 대부분이 배터리 팩과 같다고 할 수 있다.

전기뱀장어가 배출하는 전기 전압은 약 800볼트다. TV를 볼 때 전기의 전압이 약 100볼트이므로 TV 시청의 8배나 되는 세기다. 전기뱀장어는 자신의 몸을 보호하기 위해 전기를 사용한다. 전기뱀장어를 잡아먹으려고 덤벼들던 카이만 악어(Caimaninae)가 감전되어 죽은 일도 있다.

사냥을 할 때에도 전기를 활용한다. 먼저 20볼트 정도의 약한 전기를 내면서 먹잇감이 될 작은 물고기가 있는 곳을 찾는다. 남미의 아마존강과 오리노코강의 물이 탁해서 전기뱀장어의 눈도 퇴화했기 때문에 시력에 의지하지 않고 전기를 레이더처럼 사용하는 것이다. 사냥감을 발견하면 강력한 전기로 전기 충격을 주고 먹이를 움직이지 못하게 한 뒤 잡아먹는다.

물속의 사냥감에게 전기 충격을 가한다

전기뱀장어는 탁한 물속에서 살기 때문에 시력이 약하다. 약한 전기를 발생시켜 먹이나 장애물의 위치를 찾다가 사냥감을 발견하면 강한 전기로 상대방을 움직이지 못하게 해서 잡는다.

직렬 연결된 전지처럼 전기를 일으킨다

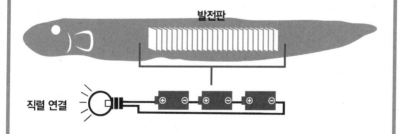

발전판

직렬 연결

동물은 근육을 움직일 때 약한 전기가 발생하는데 전기뱀장어는 근육 세포가 변한 '발전기'가 있다. 발전기 안에는 수많은 작은 발전판이 모여 전지가 직렬로 연결된 형태를 띠고 있다. 실제 전지가 병렬보다 직렬이 더 강한 것처럼 전기뱀장어도 높은 전압을 일으킨다.

54 물과 함께 눈앞의 동물을 빨아들이는

일본장수도롱뇽
Andrias japonicus

장수 도롱뇽은 동아시아와 북아메리카에 분포하는 도롱뇽으로, 서식하는 지역에 따라 일본에는 일본장수도롱뇽, 중국에는 중국장수도롱뇽(Andrias davidianus), 북아메리카에는 미국장수도롱뇽(Cryptobranchus alleganiensis 또는 '헬벤더')이 서식한다.

일본에 서식하는 일본장수도롱뇽은 일본의 천연기념물이자 멸종 위기 종이기도 하다. 일본장수도롱뇽과 중국장수도롱뇽의 교배에 문제가 된 적도 있는데 중국장수도롱뇽도 국제적으로 멸종 위기에 처해 있다.

장수도롱뇽은 세계에서 가장 큰 양서류다. 중국장수도롱뇽은 몸길이 150cm에 몸무게가 45kg까지 자라며 일본장수도롱뇽도 몸길이 131.5cm에 몸무게 25kg을 기록한 개체가 있다. 일본장수도롱뇽은 오래 산다는 특징이 있는데 그중 70년 이상 생존한 개체도 있다.

일본장수도롱뇽은 육식을 하며 게, 개구리, 물고기 등을 먹는다. 사냥은 숨어서 기다리는 스타일로 일본장수도롱뇽의 몸 색깔은 서식지의 강바닥 돌과 같은 색인 보호색을 띠고 있다. 그래서 일본장수도롱뇽을 노리는 새가 상공에서 이 도롱뇽의 모습을 찾기는 힘들고, 일본장수도롱뇽의 먹잇감들도 이 도롱뇽의 모습을 알아차리기는 어렵다.

먹잇감이 일본장수도롱뇽을 알아채지 못하고 입 가까이 다가오면 일본장수도롱뇽이 입을 크게 벌린다. 그러면 입 앞에 있는 먹잇감이 주변의 물과 함께 통째로 입속으로 빨려 들어간다.

시력이 좋지 않은 일본장수도롱뇽은 눈앞에서 움직이는 것이 있으면 무엇이든 물어뜯는다. 물고기뿐만 아니라 거북이, 뱀, 두더지, 그리고 자신의 새끼를 먹기도 한다.

'한자키'라는 별명을 가진 큰 입의 소유자

일본장수도롱뇽은 일본어로 '한자키(半割)'로 불린다. 몸이 반이 잘려도 살아있다는 뜻에서 나온 이름이다. 이름의 유래에는 얼굴이 찢어져 보일 정도로 입이 크게 벌어지기 때문이라는 설도 있는데 입을 그만큼 크게 벌리고 먹이에게 달려드는 것이다.

몸과 함께 눈앞의 모든 것을 빨아들이는 **일본장수도롱뇽**

55 먹이를 녹여 주스처럼 빨아 먹는

물장군
Lethocerus deyrollei

곤충은 육식 동물의 먹잇감이 되는 경우가 많다. 이와 반대로 양서류, 파충류, 어류 등을 잡아먹는 곤충도 적기는 하지만 존재한다. 바로 물장군이 그러하며 몸길이가 4.8~6.5cm 정도로 일본의 수생 곤충으로는 최대 크기를 자랑하는 귀중한 존재이다.

물장군은 논이나 용수로 등에 서식한다고 해서 '논의 왕자', '논의 사냥꾼'이라고도 불린다. 물장군의 먹이는 잠자리 유충, 미꾸라지, 붕어, 개구리, 올챙이 등이다. 때로는 자기 몸집의 두 배나 되는 큰 먹이를 잡아먹기도 한다. 물장군이 거대한 사냥감을 잡아먹을 수 있는 이유는 강력한 무기를 지녔기 때문이다.

그 첫 번째 무기는 크고 힘찬 앞다리다. 낫처럼 생긴 앞다리 끝에는 날카로운 발톱이 있어서 잡히면 큰 개구리도 도망가지 못한다. 두 번째 무기는 소화액이다. 물장군은 앞다리로 먹잇감을 누르고 바늘처럼 생긴 주둥이를 먹이에게 꽂는다. 그리고 주둥이를 통해 소화액과 마비독을 흘려 넣는다. 이 마비독 때문에 상대방 먹이는 마비되어 움직일 수 없게 되고, 소화액은 단백질 분해 효소가 들어 있어 먹이의 육체를 녹여버린다. 물장군은 먹이의 육체를 녹여서 마치 주스처럼 입으로 빨아들인다.

또한 물장군은 숨어서 기다리는 전법에 능숙하다. 벼나 풀을 잡고 머리를 숙인 상태로 먹이가 오기를 기다린다. 이때 엉덩이 쪽에 있는 호흡관을 수면 위로 꺼내서 공기를 들이마신다. 이는 스노클(잠수하는 동안 호흡할 수 있게 보조하는 기구—옮긴이)을 사용하는 것과 같아서 오랫동안 사냥감을 기다릴 수 있다. 게다가 진흙이나 돌에 숨거나 수초나 낙엽으로 위장하는 기술도 있어 최강의 수생 곤충이라고 할 수 있다.

하늘을 날아다니기도 하는 물장군

물장군은 물속을 헤엄치지만 하늘을 날기도 해서 번식기에는 수컷과 암컷 모두 수시로 날아서 이동한다. 낮에 날고 있는 모습이 목격된 적이 없는 것으로 보아 밤에만 날아다니는 것으로 짐작된다. 먹이나 번식할 상대를 구하거나 겨울잠 전후에 서식지나 월동 장소를 찾기 위해 날아서 이동한다.

앞다리로 붙잡고 주둥이로 찌른다

수초 그늘에서 기다리고 있다가 눈앞으로 지나가는 개구리나 물고기에게 달려들어 낫처럼 생긴 앞다리로 사냥감을 꽉 잡는다. 그리고 바늘처럼 생긴 주둥이를 찌른 뒤 소화액으로 먹이를 걸쭉하게 녹여 빨아 먹는다.

④

개성이 풍부하고 재미있는 독특한 사냥꾼들

대부분의 동물들은 환경에 맞춰 다양한 방법으로 사냥을 한다. 그중 조금 독특하고 재미있는 방법으로 먹잇감을 사냥하는 동물들을 소개한다.

① 붉은여우
Vulpes vulpes

북반구에 널리 서식하는 붉은여우는 청력이 뛰어나 먹잇감이 눈 속에 숨어있어도 소리만으로 찾아낼 수 있다. 사냥감을 발견하면 목표물을 정한 뒤 수직으로 점프해서 덮친다. 머리부터 거꾸로 다이빙하는 것이다. 눈 속에 머리가 박혀 있는 모습이 정말 독특하다.

② 넓적부리황새
Balaeniceps rex

사냥감의 경계심을 없애고자 사냥하는 몇 시간 동안 거의 움직이지 않아서 '움직이지 않는 새'로 알려져 있다. 숨어서 기다리는 방법으로 사냥을 하며 먹잇감인 물고기가 물 위로 떠오를 때까지 기다린다. 먹이를 잡을 때는 재빠르게 덤벼들어 커다란 부리에 끼워서 통째로 먹는다.

③ 일각돌고래
Monodon monoceros

'바다의 유니콘'이라고도 불리는 일각돌고래는 고래의 한 종류다. 머리에서 이상한 모양의 긴 뿔 하나가 나와 있는데 이것은 실제로는 어금니이며 수컷에게만 있다. 암컷의 어금니는 자라지 않는다. 수컷은 이 어금니로 물고기를 때려 기절시킨 후 먹이를 먹거나 수컷끼리 싸울 때 사용한다.

『동물 사냥 백과』 이마이즈미 타다아키 지음 (데이터 하우스)

『너무 위험한 생물 사전』 이마이즈미 타다아키 감수 (다카라지마샤)

『재미있는 진화의 신비! 안타까운 생물 사전』 이마이즈미 타다아키 감수 (다카하시 쇼텐)

『헌터 사냥을 하는 생물들』 코미야 테루유키 감수 (세토샤)

『리얼한 육식 동물 도감』 코미야 테루유키 감수 (와니북스)

『각켄 도감 LIVE 위험 생물』 이마이즈미 타다아키 감수 (각켄 플러스)

『각켄 도감 LIVE 정글 속 생물』 이마이즈미 타다아키, 유모토 다카카즈 (각켄 플러스)

『각켄 도감 LIVE 물고기』 모토무라 히로유키 감수 (각켄 플러스)

『각켄 도감 LIVE 파충류·양서류』 모리 사토시, 니시카와 칸토, 스즈키 다이 감수 (각켄 플러스)

『각켄 도감 LIVE 새』 코미야 테루유키 감수 (각켄 플러스)

『최강 동물을 찾아라 ④ 헌터』 엔디 호슬리 저, 기타가와 메구미, 우메다 치세이 옮김 (유마니

쇼보)

잠 못들 정도로 재미있는 이야기
헌터 생물의 사냥법

2024. 4.   3. 초 판 1쇄 인쇄
2024. 4. 10. 초 판 1쇄 발행

감   수 │ 이마이즈미 타다아키
옮긴이 │ 박유미
펴낸이 │ 이종춘
펴낸곳 │ BM (주)도서출판 성안당
주소   │ 04032 서울시 마포구 양화로 127 첨단빌딩 3층(출판기획 R&D 센터)
        │ 10881 경기도 파주시 문발로 112 파주 출판 문화도시(제작 및 물류)
전화   │ 02) 3142-0036
        │ 031) 950-6300
팩스   │ 031) 955-0510
등록   │ 1973. 2. 1. 제406-2005-000046호
출판사 홈페이지 │ www.cyber.co.kr
ISBN │ 978-89-315-5831-9 (04080)
      │ 978-89-315-8889-7 (세트)
정가 │ 9,800원

이 책을 만든 사람들
책임   │ 최옥현
진행   │ 김해영
교정·교열 │ 권수경
본문 디자인 │ 이대범
표지 디자인 │ 박원석
홍보   │ 김계향, 유미나, 정단비, 김주승
국제부   │ 이선민, 조혜란
마케팅   │ 구본철, 차정욱, 오영일, 나진호, 강호묵
마케팅 지원 │ 장상범
제작   │ 김유석

www.cyber.co.kr
성안당 Web 사이트